BO JUYI

Mein Sinn, er war zu schlicht für diese Zeiten
Gedichte und Lieder aus Chinas klassischer Zeit

Nachgedichtet und mit einer Einleitung versehen von
Reiner Schrader

.

ISBN: 3-8311-0382-8
Herstellung: Libri Books on Demand

Der sanfte Rebell

Als goldenes Zeitalter der chinesischen Lyrik gelten die knapp 300 Jahre der Tang-*Dynastie* (618 – 907), vor allem aber das 8. und frühe 9. Jahrhundert. Die eigentliche Hochblüte lässt sich noch enger umgrenzen: Es sind die Jahre 713 – 755, in denen Kaiser Xuanzong (auch: Minghuang, „Leuchtende Majestät") das Zepter führte.

Damals erlebte China eine Zeit innerer Stabilität und – durch militärische und koloniale Expansion – äußerer Macht. Sein politischer und kultureller Einfluss erstreckte sich weithin über die Staaten Ost- und Südostasiens. In seiner Hauptstadt Changan, der mit zwei Millionen Menschen wohl größten Metropole der damaligen Welt, versammelten sich nicht nur Diplomaten, Kaufleute, Pilger und Missionare, sondern auch Künstler und Gelehrte aus allen Teilen des Riesenreiches und noch ferneren Gebieten.

Wenn eine Kunst blüht, darf man wohl annehmen, dass sie sich allgemeiner Wertschätzung erfreut. Und wirklich: Nicht nur das Volk, das die schönsten Gedichte und Lieder kannte und sang, bewies ihr seine Liebe, sondern auch der Hof gab sich alle Mühe, sie zu fördern und zu pflegen. Spätestens unter Minghuang gehörte das Dichten sogar zu den Prüfungsaufgaben, denen sich jeder unterziehen musste, der dem Staat an verantwortlicher Stelle dienen wollte. Literatur, Philosophie und vor allem die konfuzianischen Klassiker nahmen an den Hochschulen von Changan und Luoyang, den „Kaderschmieden" der Verwaltungselite, einen breiten Raum ein. Der höhere Staatsbeamte war nicht nur im einschlägigen Schrifttum bewandert, sondern auch selber Literat. Wen wundert es, dass man dieser glanzvollen Epoche chinesischer Geschichte und Literatur „über 48 000 Gedichte von mehr als 2200 Dichtern" nachrühmt?

Einen ihrer größten hat Li Panlong (1514 – 1570), dem wir dieses Zitat verdanken, in seine *Gesammelten Tang-Gedichte* nicht aufgenommen: Bo Juyi (772 – 846). Genügte er auch dem Ideal des dichtenden Beamten in herausragender Position, fand er doch vor dem Kompilator aus anderen Gründen keine Gnade. Zu diesen gehört wohl nicht nur, dass er sich einer schlichten, schnörkellosen Sprache bediente, die auf gewählte Ausdrücke und gelehrte Anspielungen weitgehend verzichtete, sondern auch, dass er Rang und Stellung leugnete, indem er immer wieder mit warmem Mitgefühl und herzlicher Anteilnahme seine Sympathie für die Armen und Schwachen bekundete – so hat wohl Menschlichkeit zu allen Zeiten und bei allen Völkern eher Misstrauen denn Wohlwollen erregt.

Bo stammte aus Rongyang in der nördöstlichen Provinz Henan, der Wiege der chinesischen Kultur. Er wurde im traditionellen Geiste des Konfuzianismus erzogen und ließ schon früh sein dichterisches Talent erkennen. Im Jahre 800, als er 28 war, bestand er das Literatenexamen, im Jahr darauf wurde er Lektor an der Kaiserlichen Palastbibliothek, 807 Mitglied der Literatenakademie, ein Jahr später Zensor.

Eine Bilderbuchkarriere – aber kein Schulterschluss mit dem „Establishment". Bos Gedanken kreisten nicht nur um die traditionellen lyrischen Themen Natur, Liebe, Vergänglichkeit - vermehrt um die Sorgen des Amtes oder die kleinen Freuden des Lebens - , in denen sich ja tiefes Empfinden oft mit einem hohen Grad der Abstraktion und Unverbindlichkeit paart. Mit unermüdlicher Neugier und unbestechlichen Sinnen beobachtete und beschrieb er die Welt, wie sie war, statt sie romantisch zu verklären, und er scheute sich dabei nicht, seinen Finger immer wieder in die Wunde politischer und sozialer Missstände zu legen. So brachte er auch in Verse, was ihm „ungereimt" erschien: korrupte Eunuchenwirtschaft, endlose Grenzkriege, Ausbeutung der Bauern, grausame Strafjustiz. Wie schrecklich „modern" liest sich dabei z. B. „Der Gefangene" oder „Der Alte mit dem gebrochenen Arm"! Dass er sich auf diese Weise nicht nur Freunde – vor allem im Volk, das seine Lieder begeistert aufnahm –, sondern besonders unter den Mächtigen auch erbitterte Feinde machte, wen wundert es?

So musste er sich 814 – nachdem er wegen des Todes seiner Mutter für einige Zeit aus dem Amt geschieden war – mit einem bescheideneren Posten begnügen. Im Jahr darauf kam es sogar noch schlimmer: Wegen einer Eingabe, die Missfallen erregt hatte, wurde er fern der Hauptstadt nach Xunyang am Yangzijiang versetzt. Da mochte es für ihn ein Trost gewesen sein, dass er unterwegs nach Süden überall auf seine Verse stieß – in Klöstern, Schulen und Schenken fand er sie hängen, und unzähligen Menschen hörte er sie aus dem Munde und aus dem Herzen klingen.

Nachdem er 819 Präfekt von Zhungzhou, ebenfalls am Yangzi in Sichuan geworden war, holte ihn der neue Kaiser im Jahre 820 in die Hauptstadt zurück. Zweimal musste er dann noch fort, um als Präfekt in der Provinz zu dienen (in Hangzhou und Suzhou), bevor er sich 829 in Luoyang, nunmehr als Dichter hoch geehrt, zur Ruhe setzen konnte.

Ob Bo Juyi, wie es heißt, als Dichter an seine Vorläufer Li Bo (701 – 762) und Du Fu (712 – 770) nicht heranreicht, möchte ich dahingestellt sein lassen. Unzweifelhaft ist, dass er in schlichter, ungekünstelter Sprache Gedanken ausgesprochen hat, die in ihrer Menschlichkeit bei weitem das übersteigen, was man sowohl vom Geist seiner Zeit als auch seiner gesellschaftlichen Stellung erwarten würde. Ebenso unbestritten war er der „fleißigste" unter den chinesischen Dichtern, der kaum eine Gelegenheit ausgelassen hat, seine Eindrücke in Verse zu fassen – nicht weniger als 3 800 Gedichte sind von ihm überliefert. Da kann nicht alles und jedes ein Glanzstück sein. Aber immer sind sie doch lebendig und echt empfunden – ein kleines Bild, ein intimer Gedanke, den heutigen Leser seltsam in eine ferne Welt und ferne Zeit entführend, und doch auch bewegend in ihrer zeitlosen, an jedem Ort der Erde gültigen Alltäglichkeit.

Sicher wäre es verfehlt, den „Lyrik-Boom", den China zur Zeit der Tang-Herrschaft erlebte, allein der großzügigen Förderung kunstsinniger Monarchen zuzuschreiben. Im Gegenteil: Die Dichtkunst konnte im Reich der Mitte auf eine uralte Tradition zurückblicken. Sie reicht bis an den Anfang des 1. Jahrtausends v. Chr. zurück und hatte mit dem „Buch der Lieder" (Shijing, 10. – 6. Jh. v. Chr.) oder den „Elegien von Chu" (Chuci, 5. – 1. Jh. v. Chr.) schon verschiedene Stufen und Stile durchlaufen, bis um 200 n. Chr. jenes Gedicht aus Fünf-Worte-Versen aufkam, das, von Volksliedern ausgehend, formal und sprachlich die zukünftige Richtung bestimmen sollte. Im 7. Jahrhundert trat das Gedicht mit dem Vers zu sieben Worten hinzu, so dass wir in der Tang-Zeit schließlich das charakteristische „Gedicht im Neuen Stil" vorfinden, dessen „regelmäßige" Form strengen Vorgaben folgt.

Dieses „Regelgedicht" umfasst zwei Strophen zu je vier Versen, die jeweils fünf oder sieben Worte bzw. Silben enthalten. Im Vers liegt eine Zäsur – beim Fünf-Worte-Vers nach dem zweiten, beim Sieben-Worte-Vers nach dem vierten Wort. Die Verse 2, 4, 6 und 8 reimen sich (wegen der Lautarmut der chinesischen Sprache auf den gleichen Reim). Beim Sieben-Worte-Vers sollte sich auch der erste reimen, bei dem mit fünf Worten ist dies kein Muss, aber ebenfalls gängige Praxis.

Darüber hinaus spielen die im Hochchinesischen vorhandenen vier Worttöne eine Rolle, die man in „ebene" (gleichbleibende Tonhöhe) und „schräge" (ungleichmäßige Tonhöhe) unterteilt: Vielen Wörtern des Gedichts ist eine dieser beiden Gruppen vorgeschrieben – jedem „ebenen" in Vers 1 und 4 soll ein „schräges" in Vers 2 und 3 ge-

genüberstehen und umgekehrt. Die zweite Strophe soll das Tonschema der ersten wiederholen. Schließlich soll jedes Wort in Vers 3 zu dem entsprechenden in Vers 4, jedes Wort im fünften Vers zu dem entsprechende im sechsten eine gedankliche Parallele oder Antithese bilden. So heißt es etwa im Gedicht „Der Halberemit" :

Die großen Eremiten auf der Gasse wohnen,
die kleinen bringen in der Öd ihr Leben zu –
doch kalt und einsam sind die Wälder, Bergregionen,
die öffentlichen Plätze voll und ohne Ruh.

Solche Parallelismen lassen sich in einer Übersetzung natürlich leicht nachvollziehen – was von anderen Vorgaben des Regelgedichtes nicht gilt. Das ist bei den Worttönen leicht einzusehen. Aber auch das Reimschema ist dem europäischen Ohr nicht geläufig, weshalb ich bei der Nachdichtung die Form *ab ab* vorgezogen habe, die uns vertraut ist.

Damit bin ich bei den Gründen, die mich zu einer Nachdichtung bewogen haben. Was sofort auffällt, wenn man sich mit chinesischer Lyrik beschäftigt, sind die schönen Bilder, die tiefen Gedanken, das zarte Empfinden, das aus den Zeilen spricht. Und natürlich die leise Wehmut, die über allem liegt – ein Hauch von Abschied und Trennung, Erinnern und Tod. Wir fühlen Menschen zu uns sprechen, die über das Leben nachdenken, bewusst und kultiviert, und die sich auszudrücken wissen in der feinen, differenzierten Manier, die Kultur und eine lange Tradition verrät. Ihre unverkennbare Individualität lässt sie uns über die Jahrhunderte hinweg nahe sein. Und wir staunen umso mehr über ihre souveräne Geistigkeit , wenn wir uns vergegenwärtigen, welchen Standort zum gleichen Zeitpunkt der Geschichte unsere einheimische Dichtung einnimmt. Diese beginnt im frühen 9. Jahrhundert überhaupt erst, das Deutsche als Literatursprache zu entdecken – im sächsischen Heliand, im bairischen Wessobrunner Gebet, im ebenfalls bairischen Muspilli, Erzeugnisse christlicher Frömmigkeit, die noch schwer am Erbe einer vergangenen Welt heidnischer Helden tragen und uns kaum mit persönlichen Gedanken und Gefühlen „ansprechen".
Wie anders die echten, aus dem Erleben geschöpften Gefühle eines Bo Juyi. Kein Wunder also, dass man ihm auch in Europa, im Westen seit langem Aufmerksamkeit schenkt. Ich nenne nur:

Alley, R.: Bai Juyi. 200 Selected Poems. Peking 1983.
Debon, G.: Chinesische Dichter der Tang-Zeit. Stuttgart 1964.
Ders.: Mein Haus liegt menschenfern, doch nah den Dingen. Dreitausend Jahre chinesischer Poesie. München 1988.

Ders.: Mein Weg verliert sich fern in weißen Wolken. Chinesische Lyrik aus drei Jahrtausenden. Eine Anthologie. Heidelberg 1988.
Ders.: Herbstlich helles Leuchten überm See. Chinesische Gedichte der Tang-Zeit. München 1989.
Feifel, E.: Po Chü-i as a Censor; His Memorials Presented to Hsien-tsung during the Years 808 – 810, Den Haag 1961.
Gundert, W. u.a. (Hg.): Lyrik des Ostens. München 1952 u. ö.
Levy, H. S.: Translations from Po Chü-i's Collected Works, 2 Bde, New York 1971.
Waley, A.: Chinesische Lyrik. Eine Anthologie. Ins Deutsche übertragen von Franziska Meister. München o. J.
Ders.: The Life and Times of Po Chü-i. 772 – 846 A. D. London 1949.
Woitsch, L.: Lieder eines chinesischen Dichters und Trinkers (Po Chü-i), Leipzig 1925.
Zach, E. v.: Aus den Gedichten Po Chü-i's, Batavia 1935.

Die Übertragungen der Verse in diesen Werken sind zum Teil wörtlich, zum Teil um besonderen poetischen Ausdruck bemüht. Dabei mangelt es der wörtlichen Wiedergabe an Poesie, der um Poesie bemühten wo nicht gerade an eben dieser, so doch wenigstens an Präzision. Mein Anliegen ist, die Präzision mit der Poesie zu vereinen, also eine Übersetzung zu bieten, die sich möglichst an den Wortlaut des Originals hält und dennoch das spezifisch Poetische in Reim, Versmaß und Wortwahl zu bewahren – was ich gerade durch die Verwendung einer uns vertrauten Reimstruktur zu erreichen versucht habe. Dabei ist mir bewusst, dass das alte Wort vom „Traduttore, traditore" für das Chinesische besonders gilt. Eine Sprache, die sich so knapp artikuliert und einen guten Teil ihrer Aussage assoziativ über den Bildgehalt des Schriftzeichens gewinnt, lässt viel Raum für „verräterische" Interpretationen. Dennoch: Um die Schönheit der Gedichte zu genießen, muß man die Gratwanderung wagen. Und es liegt eine Schönheit in ihnen – wie in Tausenden anderer chinesischer Gedichte –, die außer den Fachgelehrten wohl noch kaum jemand in Europa, der sie nicht im Original kennt, empfunden hat.

Für die Wiedergabe des Chinesischen mit lateinischen Buchstaben habe ich statt früher benutzter Umschriften (z. B. das System von Wade-Giles) die seit 1958 in China gebräuchliche amtliche Pinyin-Schrift gewählt. Aus Po Chü-i oder Bo Kü-i wurde so Bo (oder Bai) Juyi.

Hamburg, im Juni 2000

Nach bestandenem Examen

Zehn Jahre bin ich von den Büchern nicht gewichen,
erwarb mit großem Fleiß mir Ansehn durchs Studiern.
Noch lässt mich kalt die Würde, die ich eingestrichen –
fühl wohl erst Stolz, wenn mir die Eltern gratuliern.

Ein paar von denen, die mir Kameraden waren,
sie haben sich für mich ans Stadttor noch bemüht –
da steht der hohe Wagen, fertig abzufahren,
und Zither, Flöte mischen sich zum Abschiedslied.

Erfolg den Schmerz ein wenig lindert, sich zu trennen,
und kürzer fährt, wer duft'gen Reiswein nicht entbehrt.
Mit Hufen, die geflügelt, *dem* die Rosse rennen,
der so an einem Frühlingstag nach Hause kehrt.

Beim Geleit der erfolgreichen Kandidaten zur Prüfungshalle

Saß zeitig auf, der Kunst Doktoren zu geleiten,
noch war im Osten grau der Himmel, Ton in Ton.
Ich dachte, dass es noch zu früh, um loszureiten,
doch wimmelte von Pferden es und Wagen schon.

Die Fackeln schwangen auf und nieder wie im Tanze,
der Wächter Trommel rings mal laut, mal leis erscholl.
Seh ich zum Frühempfange traben so das Ganze,
bin ich unweigerlich sofort des Mitleids voll.

Wenn's wieder dämmert und wenn Wolken Staubes stieben
und alle Welt erneut den Lebenskampf beginnt,
dann habt, Berittne, ihr euch welchem Ziel verschrieben?
Ach, nur auf Ehre ihr und euren Vorteil sinnt!

Ich pflege erst so gegen Mittag aufzustehen,
der Muße mich zu widmen hier in Changan meist.
Es ist jetzt Frühling und kein Zwang, zum Dienst zu gehen:
Mein ganzes Denken nur noch um die Berge kreist.

Muße des Kranken

Zwei Tage schon hab ich des Amtes Pflicht gemieden,
in Kissen liegend hüt' ich einsam mein Gemach.
Dass einem, wenn man krank ist, Muße nur beschieden,
beginne zu begreifen ich so nach und nach.

Um still zu sinnen, braucht es nicht viel Platz zu eigen –
mein Kämmerchen misst grade zehn Fuß im Quadrat.
Da bei der Traufe westlich, unter Bambuszweigen,
seh ich vom Bett der Weißen Berge steilen Grat.

Gewölk, das fern um ihre stummen Gipfel steht,
muss den beschämen, der im Erdenstaub noch geht.

Ein Traum vom Xianyu-Tempel
während des nächtlichen Palastdienstes

Am Fenster westlich hatt' ich meine Schreibarbeit versehen.
In tiefem Schweigen stand der Bambus, stand der Kiefern Schar.
Der Mond stieg höher, und ein leiser Wind begann zu wehen,
als es mir jäh wie einmal nächtlich in den Bergen war.

Ich war entschlummert und befand mich weit versetzt im Traume
ganz im Südwesten in des Xianyu-Tempels Klausnerei.
Erwachend, hört ich eine Uhr, die tropfte wo im Raume –
da dachte ich, dass es des Bergbachs sanftes Rieseln sei.

Einsame Nacht im Xianyu-Tempel

Ein Kranich auf der Schwelle - der vom Ufer drüben,
und in der Tür der Mond, der überm Teiche steht:
In diesem Tempel bin ich gern zur Nacht geblieben,
hab ungern ihm den Rücken wieder zugedreht.

Wie freudig fühl dem stillen Fleck ich mich verbunden,
wo niemand früh gedrängt, dass Zeit zum Aufbruch wär!
Nun, da ich seine schöne Einsamkeit empfunden,
komm ich zukünftig nur alleine noch hierher.

*Auf der Tianmen-Straße in Changan
beim Anblick der fernen Berge von Zhongnan*

Nun liegt kein Schnee mehr auf den Zhongnan-Höhen,
und endlich kehrt der Frühling wieder ein.
Das ferne Blau - wie prächtig anzusehen
dort mit dem Braun der Straße im Verein!

Unzähl'ge Reiter sind da zu gewahren
und Wagen, ach, ich weiß nicht wie viel Stück!
Jedoch von diesen ganzen Menschenscharen
hat niemand für die Berge einen Blick.

An Li Jian

Auf einmal fühl ich wieder heftiges Begehren
und wie mein Herz dem Weltlichen sich schwach erweist:
Stets wenn, Li Jian, die Stunden sich der Trennung mehren,
beherrscht ein einziger Gedanke meinen Geist.

Ich denke dran, wie oft ich früher dich gesehen:
Wie ich vom Pferd gesprungen und geklopft ans Tor.
Im Bett lagst du noch häufig, fertig aufzustehen,
und schicktest, mir zu öffnen, deine Kleinen vor.

Dann kamst du auch schon selber an die Tür gestoben
von drinnen irgendwo und lachtest voller Spaß –
wie sich des Rockes Schöße dir im Laufen hoben,
wie schief dir deine Mütze auf dem Kopfe saß!

Auf der Terrasse, die gefegt schon mit dem Besen,
trat überall in grünen Polstern Moos zutag;
und auf der Bank, die ebenfalls entstaubt gewesen,
der kühle Schatten irgendwelcher Ranken lag.

Wenn still die Berge schaun wir wollten in der Runde,
hat's in den Pavillon im Osten uns geführt;
ging es darum, zu warten auf die Mittagsstunde,
sind in das Moor im Süden wir hinausspaziert.

An deinem Tor, da war kein Rühren und kein Regen,
man hörte nur der Vögel zwitschernden Gesang;
und auf dem Wege, der so völlig abgelegen,
erhob sich selten nur einmal der Trommel Klang.

Wir saßen im Gespräch je länger, desto lieber,
und nie fiel da ein Wort von Ruhm und von Gewinn.
Wie viele Tage, Wochen sind seitdem vorüber?
Fast viermal, ach, schwand ja der Vollmond schon dahin!

Beim Abschied sanken grad die letzten Blüten nieder,
und heute erstmals die Zikade ich vernahm.
Wie rasch verging nur diese Zeit des Blühens wieder –
allein, ich fand noch keinen Trost für meinen Gram.

Der Gefangene

Da seht sie gefesselt, in Ketten die Tartaren,
wie in der Qin Gefild' die Elenden man treibt -
der Sohn des Himmels wollt' den Tod ihnen ersparen,
verhinderte aus Mitleid, dass man sie entleibt.

Südostwärts ließ er sie nach Wu und Yue schaffen,
ein Büttel ganz in Gelb hat alle sie notiert,
dann haben Wachsoldaten, angetan mit Waffen,
am Ende aus der Hauptstadt sie hinweggeführt.

Am ganzen Körper hatten sie der Pfeile Wunden -
und was für eingefallne Wangen, Mann für Mann!
Schwach wie sie waren und so um und um zerschunden,
kamen sie täglich nur ein kurzes Stück voran.

Den Hunger und den Durst, den morgens sie empfanden,
den haben ohne Napf und Becher sie gestillt.
Auf faul'gem Lager sie sich in den Nächten wanden,
in andres nicht als ihre Lumpen eingehüllt.

Als schließlich sie erreicht des Yangzi-Stroms Gestade,
war's ihnen wie am Jiao, der's Heimatland durchzieht –
total entkräftet und mit Stimmen matt und fade,
entrang sich ihnen, ach, ein dumpfes Klagelied.

Da konnte einer sich der Worte nicht erwehren,
sprach zu den anderen Tartaren voll Verdruss:
„Was sind das schon für Sorgen, die euch so beschweren,
verglichen mit dem Kummer, den ich dulden muss!"

....

Drauf die, die mit ihm schleppten an derselben Kette:
„Was hat's denn fürn Bewenden damit, Kamerad!"
Und er, als ob ihn großer Zorn ergriffen hätte,
begann denn zu erzähl'n, da man ihn darum bat.

„In Wangzhous Ebene bin ich zur Welt gekommen
und bin auch aufgewachsen in demselben Land.
Als damals in Dali zum Grenzstreit es gekommen,
bei diesem Kampfe fiel ich in Tartarenhand.

Seit vierzig Jahrn – so lang' ist's schon seit jenen Tagen -
muss um den Lederrock ich einen Pelzgurt führn,
durft nur zu Neujahr meiner Heimat Kleider tragen –
o wie ich weinte, konnt ich Mütz' und Mantel spürn!

Dass ich an diesem Ort für alle Zeit nicht bleibe,
das hatt ich tief in meinem Herzen mir geschworn,
doch hielt ich es geheim vor meinem hies'gen Weibe
und vor den Kindern, die mir dieses hier geborn.

‚Wie schön, dass meiner Glieder Kraft noch nicht gewichen',
so ging es mir im Kopf herum so manches Mal,
doch als ich alt geworden, hat mich Angst beschlichen,
dass ich, als hier zu bleiben, keine andre Wahl.

Aufs Schießen die Tartaren sich so gut verstehen,
dass selbst die Vögel in die Luft sich nicht mehr traun –
und doch gelang mir's, ihren Pfeilen zu entgehen
und meine Heimat wieder, mein Gehöft zu schaun.

....

Mich tags verbergend, bin ich eilig nachts gezogen,
hab so die Große Wüste hinter mich gelegt.
Wie düster Mond und Wolken da am Himmel flogen,
wie sich der Sand im Winde immerzu bewegt!

In jenem Grase hab ich zitternd mich verborgen,
das spärlich auf der Zhaojun Grünem Grabe spross,
bin heimlich übers Eis gelaufen vor dem Morgen,
wo unter dünner Schicht sich der Huanghe ergoss.

Da dröhnt' es plötzlich von chines'schen Trommelschlägen,
den Lärm von Truppen hört' ich, die sich nahn von weit –
gleich lief ich diesen bis zum Wegesrand entgegen,
verneigte mich sogleich in aller Höflichkeit.

Doch sie begriffen nicht, ach, diese Reiterscharen,
dass auf Chinesisch ich mich ja an sie gewandt –
ihr Hauptmann dachte, er säh vor sich 'nen Tartaren,
gab gleich Befehl, dass man mich fesselte und band.

Und jetzt verschleppen sie mich weit, weit nach Südosten
in eine sumpf'ge Ebene zu guter Letzt,
da steht man dann wahrhaftig auf verlornem Posten,
ist allem Weh und Wetter schutzlos ausgesetzt.

Nur dran zu denken macht mir schon so einen Schrecken,
und fragend an den höchsten Himmel ich mich wend':
'Soll ich alleine deshalb denn noch nicht verrecken,
dass ich im Kummer meine letzten Tage end'?'

....

Ins Heimatdorf, nach Liang, soll ich nicht wiederkehren,
verließ umsonst, die in der Fremde lieb mir warn;
Gefangner dort, musst ich nach China mich verzehren,
in China wieder, machte man mich zum Tartarn!

Nach Haus zu fliehn, ich hätte es gewiss vermieden,
wenn ich vorausgesehn, welch Los da meiner harrt:
Die beiden Länder, sei'n sie auch noch so verschieden,
bereiten mir doch Leid von völlig gleicher Art.

Von allen der Gefangnen Lasten, den nicht raren,
ist die am schwersten, die ich heute euch enthüllt.
Wem wäre je ein solches Unrecht widerfahren:
dass – durch und durch Chinese – als Tatar er gilt!"

Der Alte mit dem gebrochenen Arm

In Xinfeng lebt ein Mann von achtundachtzig Jahren,
des Brau'n und Haare stehn an Weiß dem Schnee nicht nach.
Vorm Krug konnt ich mit seinem Enkel ihn gewahren,
die Linke aufgestützt, da ihm die Rechte brach.

Wann er dies Leiden sich geholt, fragt' ich beflissen,
und nach der Art, wie er sich's zugezogen hat:
Aus Xinfeng stamme er, ließ mich der Alte wissen,
und sei auch groß geworden hier in dieser Stadt.

In seiner Kindheit herrschte weiser man indessen,
es gab nicht Krieg, nicht Wirren alle Nase lang.
„Oft hab im Birnbaumgarten ich daheim gesessen
und hab dem Flötenspiel gelauscht und dem Gesang.

Noch war an Banner ich und Lanze nicht geraten
und hatte Pfeil und Bogen auch noch nicht geführt,
als in den Tianbao-Kämpfen man gebraucht Soldaten
und jeden Dritten der Familie rekrutiert.

Und bis wohin wohl ließ man diese Männer führen,
die's Los getroffen, dass sie zu den Fahnen eil'n?
Ins weit entfernte Yunnan mussten sie marschieren,
fünf Monde hat der Weg gedauert - tausend Meil'n.

Es hatte jemand Kunde uns davon gegeben,
dass dort ein Fluss, der Lu heißt, durch die Lande zieht,
von dessen Fluten gift'ge Dämpfe sich erheben,
dann wenn der Pfefferbaum soeben ausgeblüht.

....

O seine Wogen, wie sie brodelten und kochten,
als diese große Heeresmacht ihn überschritt!
Von zehn Soldaten, die sich reinbegeben mochten,
riss zwei er oder drei für immer mit sich mit.

Was für ein Schluchzen, für ein Jammern und Gestöhne
ist da nicht allenthalben jäh im Dorf entbrannt!
Von Vater, Mutter nahmen Abschied ihre Söhne,
von ihren Frau'n die Männer, die im Ehestand.

Sie wussten einer wie der andre: Aus den Schlachten,
die man dem Stamme dieser *Man* geliefert hat,
ist von den Kriegern, die's doch auf zigtausend brachten,
nicht einer heimgekehrt in seine Vaterstadt.

Ich, der ich mittlerweile vorgerückt an Jahren,
kaum vierundzwanzig zählte ich zu jener Zeit,
und auch mein Vor- und mein Familienname waren
in diese Rekrutierungsliste eingereiht.

Da nahm ich – und damit es ja auch niemand merke,
zur Stund, da sich die Nacht am dunkelsten erwies –
mir einen Stein von ganz besonderer Größ' und Stärke,
den ich mit voller Wucht an meine Elle stieß.

Sei es zum Bogenspannen, sei's zum Bannerschwenken:
So kam's, dass man für nichts mehr mich gebrauchen konnt.
Und klar: Nun mochte man auch nicht mehr daran denken,
nach Yunnan runter mich zu schicken, an die Front.

....

Zwar taten mir die Knochen weh des Bruches wegen,
die Sehnen, die dabei zerrissen, überdies -
doch hatte ich erreicht, was mir im Sinn gelegen:
Dass man nach Hause, in die Heimat mich entließ.

Seitdem muss ich mit dem gebrochnen Arme leben,
das geht nun schon seit sechzig Jahren auf die Art.
Ein Glied, ein einzelnes, hab ich dahingegeben –
dafür den Leib jedoch als ganzes mir bewahrt.

Noch immer, wenn in diesen langen Winternächten
der Regen rauscht, dem rauschend sich gesellt der Wind,
geschieht's, dass ich vor lauter Schmerz im Arm, dem rechten,
vom Abend bis zur Frühe in den Schlaf nicht find.

Dies Wachen, ruhelos und quälerisch, indessen
ist ein Gebrechen, das man noch erträgt zur Not –
am großen Glück, des Lebens sich zu freu'n, gemessen,
da all' die andern lange schon dahin und tot.

Denn *ihr* Los damals wär gewesen auch das meine:
dass ich im Lu ertrunken, von der Heimat weit,
und meine Seele, ohne Grab, um die Gebeine
an jener Stätte würd sie irr'n für alle Zeit.

Als Geist wär immerfort durch Yunnan ich gezogen,
das Herz von süßer Sehnsucht nach der Heimat schwer,
und gramvoll über jene Gräber hingeflogen,
in denen ruht der ungezählten Krieger Heer."

....

Nun, diese Worte bitte ich euch gut zu merken:
Hat Herr Minister Song befohlen nicht bewusst,
die Kämpfe an der Grenze nicht mehr zu verstärken,
auf dass allmählich schwächer werd' die Angriffslust?

Und Herr Minister Yang: Hieß er nicht sich bekriegen,
dass solcherart er sich den Kaiser halte warm?
Doch seine Leute hatten's dicke, *vor* dem Siegen –
fragt nur den Alten, den mit dem gebroch'nen Arm!

Ein frühes Lever
Dem Einsiedler Zhen gewidmet

In Changan lagen fußhoch sie, die schnee'gen Massen,
da musst ich zu des Himmelssohnes Frühritual.
Soeben hatt' ich Xinchang hinter mir gelassen,
war kurz schon vor der Silbernen Terrass' Portal.

Da strauchelte mein Pferd, ich weiß gar nicht weswegen,
und die Laterne ward mit einem Schlage blind.
Zehn Meil'n gen Norden waren noch zurückzulegen,
die Ohren blies mir schier vom Kopf der eis'ge Wind.

Des Glockenzeichens harrte ich vor den Fünf Toren,
des Aufrufs dann im so genannten Dreier-Saal.
In Bart und Haare waren Zapfen eingefroren,
die klammen Kleider auf dem Leibe eine Qual.

Wie mir ans Xianyu-Tal dies die Erinn'rung weckte
und ich auf Zhen, den Ödling, leise Neid empfand,
der noch in Socken unter seiner Decke steckte
und schnarchte, bis die Sonne hoch am Himmel stand!

Frühlingsende
Für Yuan Zhen[1]

Die Birnenblüte schloss sich wieder, Frucht zu werden,
und aus den Schwalbeneiern schlüpfte schon die Brut:
Wenn sich das Jahr so sichtbar wandelt hier auf Erden,
kann dann vom Dao die Lehre Trost uns bieten, Mut?

Gelassen solln wir Tag' und Monde schwinden sehen,
von Kummer frei, dass uns die Jugendzeit entflieht.
Ist diese Welt vergänglich, nur ein Traumgeschehen:
Was macht das Alter dann für einen Unterschied?

Seitdem jedoch mein Freund gezwungen fortzureisen,
an einen Ort Jiangling verbannt, der weit uns trennt,
hab ich es nicht vermocht, den Wunsch zurückzuweisen,
dass ab und zu ein Wiedersehn uns sei vergönnt.

[1] 801 wie dieser Lektor der Palastbibliothek. Er hatte wie Bo eine wechselvolle
Laufbahn und war als Dichter ähnlich berühmt. Der von Bo Juyi und Yuan
Zhen zwischen 806 und 822 begründete volkstümliche Stil der Dichtung trägt
Der in Bos Gedichten mehrfach erwähnte Yuan Zhen (779 – 831) war im Jahre
als „Yuan-Bo" beider Namen.

Der Brief

Ein letzter Plausch im Yungshou-Tempel noch, dem hehren,
dann hieß es nördlich, im Bezirk Xinchang, Adieu!
Beim Heimweg konnt' ich mich der Tränen nicht erwehren
aus Gram um dich und - was weiß ich - noch sonst für Weh.

So weit, unendlich weit ist's, nach Lantian zu reisen –
ob es da Sinn, so meintest du, zu schreiben macht?
Die Pausen wohl bedacht für Schlafen und für Speisen,
hast du das Shang-Gebirg' schon hinter dich gebracht.

Heut Nacht war nicht ein Wölkchen bis zum Himmelssaume,
wohl über tausend Meil'n ergoss der Mond sein Licht.
Im ersten Morgengrau'n erschienst du mir im Traume:
Du dachtest grad an mich – bedeutet es dies nicht?

Ich hielt in diesem Traume dich bei deinen Händen,
besorgt zu fragen, wie es dir denn dort erging.
„Du fehlst mir", war die Antwort, „ach, an allen Enden,
und hier ist niemand, dass er einen Brief dir bring".

Eh ich erwidert, wurd ich aus dem Schlaf gerissen,
mit lauten Schlägen klopfte es an meine Tür.
Da sei ein Bote aus Shangzhou, ließ man mich wissen,
der hätte mir ein Schreiben mitgebracht – von dir.

Bin ich da aus den Kissen, aus dem Bett gesprungen!
Mit welcher Hast ich da in meine Kleider fuhr!
Den Knoten lösend, bin ich in den Brief gedrungen:
ein einz'ges Blatt - und dreizehn Zeilen darauf nur!

....

Mit des Verbannten Kummer hat es angefangen,
bis es am Schluss der langen Trennung Schmerz beschrieb.
Um Gram und Sorge ist es da so viel gegangen,
dass nicht einmal fürs Wetter noch ein Plätzchen blieb.

Dass du die Zeilen – dies erwähntest du indessen –
im Osten Shangzhous aufgesetzt bei Mondenschein
und dass du dort im Berghof von Yangcheng gesessen
bei einer einz'gen Kerze einsam und allein.

Es war schon spät, als du vom Schreiben dich erhoben,
schon ging nach West vom Berg herab des Mondes Fahrt,
da hat sich über dessen Antlitz was geschoben –
ein Baum der purpurfarbenen Paulownia-Art.

Der wird, solang' die Blume ihm noch kurz geblieben,
ja fürs Gedenken an den fernen Freund bemüht:
So hast du denn des Briefes Rücken auch beschrieben
mit Versen liebevoll auf die Paulownia-Blüt'.

Mag dies Gedicht sich auf acht Reime auch beschränken,
ergriff es doch mein Herz, als wär's mit Zaubermacht.
Ich musste diesen Morgen unentwegt dran denken –
wie du, als du es nächtlich zu Papier gebracht.

Dreimal hab ich es durchgelesen Zeil' für Zeile,
hab Vers für Vers mir zehnmal aufgesagt und mehr –
so wert sind mir die achtzig Worte mittlerweile,
als ob ein jegliches aus purem Golde wär!

13

Das Dorf Zhuchen

Im Lande Xuzhou, im Gufeng genannten Kreise,
sieht man ein Dorf, des Name Zhuchen lautet, blühn.
Zur Hauptstadt der Provinz 'ne Hundert-Meilen-Reise,
liegt es in Hanfgefilden und in Maulbeergrün.

Man hört dort überall die Weberschiffchen klingen,
und in den Gassen streifen Esel, Küh' zuhauf.
Die Mädchen gehn zum Bach, um Wasser heimzubringen,
die Männer lesen in den Bergen Hölzer auf.

So fern der Stadt kann's bei ein paar Beamten bleiben,
so mitten im Gebirg bewahrt sich schlichter Sinn:
Wer Geld hat, muss darum noch keinen Handel treiben,
wer jung ist, muss nicht unbedingt zum Heere hin.

Bei jedermann geht auf das Dorf hier das Bestreben,
das man nicht lässt, und wär's als Graukopf, mit Verlaub!
Das Volk von diesem Zhuchen – das sind die, die leben,
und die Dahingegangenen, die sind sein Staub.

Begegnen junge sich und ältere Personen,
dann lächeln sie sich grüßend immer freundlich zu.
Zwei Sippen sind es nur, die diesen Ort bewohnen,
da sich die Chen seit je verschwägern mit den Chu.

Vom selben Ahn sind – welchen Grads auch – die Verwandten,
und Alt und Jung gehören hier zu *einem* Bund.
Mit Weißwein geht's und Hühnern, knusprig braun gebrannten,
mehr als nur „einmal wöchentlich" bei ihnen rund.

....

Kein einz'ger Lebender weiß um den Trennung Kummer,
weicht nach der Heirat selbst aus nächster Nähe nicht,
noch droht den Toten eines fernen Grabes Schlummer -
es reih'n ums Dorf sich ihre Hügel dicht an dicht.

Sie fürchten dort den Tod so wenig wie das Leben,
in Sorge sich um Leib und Seele nicht ergehn.
Den meisten ist ein hohes Alter auch gegeben,
dass sie der Enkel Enkel gar noch um sich sehn.

Indes kam *ich* zur Welt, wo feine Sitten walten,
doch arm und schutzlos war da mein Jugendzeit.
Zwar lernt' ich, gut und böse auseinander halten,
doch nur, damit es Ärger mir und Müh' bereit!

Wie hält man heute des Konfuzius Wort in Ehren!
Ein Weib, ein Amt – das ist jetzt der Gelehrten Ding!
Ich selbst konnt' mich ja solcher Fesseln nicht erwehren,
so dass ich manches Mal wohl in die Irre ging.

Mit zehn hab Bücher ich zu lesen angefangen,
mit fünfzehn Jahren schrieb ich selber leidlich schon.
Mit zwanzig konnte den „Magister" ich erlangen
und dann – mit dreißig – gar ein Zensorat beim Thron.

Nach oben gilt's den Eltern mich, dem Fürsten fügen,
nach unten bindet mich an Weib und Kind die Pflicht.
Daheim die Sorgen und das Staatsgeschäft genügen –
wer weiß schon, wie es auf mir lastet, dies Gewicht?

....

Was soll ich von den Jahr'n seit meiner Kindheit sagen?
Ach, fünfzehn Mal ging ja der Frühling schon dahin!
Zweimal hat einsam mich mein Boot nach Chu getragen,
viermal mein Klepper, dürre wie er war, durch Qin.

Der Hunger stand mir morgens ins Gesicht geschrieben,
vor inn'rer Unruh war mir nachts kein Schlaf vergönnt.
Nach Osten, Westen hat es ständig mich getrieben
wie eine Wolke unstet hoch am Firmament.

O welchen Schaden hat die Heimat nur genommen
in diesem Kriege ihrer eignen Erde Leut'!
Sind da die Meinigen auch schon nicht umgekommen,
so sind sie doch in alle Winde jetzt zerstreut.

Im Süden hatte ich und in des Stromes Norden
so viele Freunde, deren Neigung warm und wahr –
für alle Zeit bin ich getrennt von ihnen worden
und oft nach Jahren erst von ihrem Tod erfahr'.

Harr' traurig tags im Bett, dass sich die Nacht erneuer',
und nächtlich warte weinend ich der Dämm'rung dann.
Schon halb verzehrt ist mir das Herz von Kummers Feuer,
des Kummers Frost greift meiner Haare Wurzeln an.

In solchen Qualen schwinden mir des Lebens Stunden –
schon immer hab für die von Chen ich Neid empfunden!

Fischen im Wei-Fluss

Tief unterm spiegelglatten, glänzenden Geflute,
da wimmelt es von Barschen und von Karpfen auch.
Ich trott' zum Ufer mit der Bambusangelrute,
dass meinen Haken in den Fluss, den Wei ich tauch.

Der Wind umfächelt mein Gerät in sanften Schauern
und rüttelt an der Leine, die zwei Faden weist.
Mein Leib, nun hockt er hier, die Fische zu belauern,
im Nichts verliert derweil sich irgendwo mein Geist.

Vor langer Zeit, so heißt es, hab' ein Greis gesessen
an dieser Böschung, wo ich jetzt die Zeit verbring,
dem's nicht um Fische, sondern Menschen ging indessen
und der mit siebzig schließlich den Wen Wang sich fing[1].

Ich aber, werf' ich meine Angelschnur ins Weite,
vergess im Nu, worum es eigentlich sich dreht –
Geschicklichkeit ist nicht grad meine starke Seite,
ob es um Fische oder ob's um Menschen geht.

Im herbstlich schönen Glanz des Stromes will ich baden,
so lange, wie ich dessen nur zufrieden bin -
dann hol ich ein die Schnur, den festen Angelfaden
und setz zu Hause mich zu einem Weinchen hin.

---

[1] Der Weise Taigung saß dort scheinbar, um zu angeln, in Wirklichkeit aber wartete er auf einen Fürsten, der ihn in seinen Dienst nehmen würde. Als er siebzig war, kam Wen Wang, der König von Zhou, des Weges und machte ihn zu seinem Ratgeber.

Das Lied des Faulen

Hab Arbeit, bin indes zu faul, sie zu verrichten,
hab Land, doch bin zu faul, dass ich es pflüg' und egg'.
Mein Haus hat Risse – bin zu faul, sie abzudichten,
mein Kleid hat Löcher, doch ich flicke sie nicht weg.

Ich habe Wein, doch bin zu faul, ihn zu probieren:
Das ist so gut, als wär der Becher immer leer.
Hab eine Laute - bin zu faul zu musizieren:
Das ist so gut, als ob sie ohne Saiten wär.

Der Reis ist aufgegessen, sagen meine Lieben.
Jetzt neuen kochen? Bin zum Schälen zu bequem.
Von Vettern, Freunden kriege Briefe ich geschrieben –
ich läs sie gern, wär mir das Öffnen nur genehm.

Von Meister Xi Shuye hört' immer ich erzählen:
„Mit Nichtstun brachte der sein ganzes Leben hin".
Doch spielt' er Laute und mit seinen Schmiedestählen –
war also lange nicht so faul, wie ich es bin!

Der Tempel

Es war im Herbst, war in des Yuan He neuntem Jahre[1],
die Sichel nahm schon wieder zu im achten Mond,
da dacht' ich, dass zum Tempel von Wuzhen ich fahre,
der auf dem Wangshun-Berge stufenweise thront.

Als bis dahin noch viele Meilen vor uns lagen,
da drang ein Plätschern unverseh'ns an unser Ohr.
Ich trennte auf der Stelle mich von Pferd und Wagen
und tastete durchs flache blaue Nass mich vor.

Den grünen Bambusstock in Händen, mich zu führen,
setzt' ich die Füße auf des Bergbachs weißen Kies.
Bald konnt' ich um die Schläfen eine Stille spüren,
die völlig mich den Lärm der Welt vergessen ließ.

Nun sahen – zweifelnd, ob der Aufstieg uns gelänge –
vom Fuß des Bergs zu seinem Gipfel wir gebannt –
wer konnte ahnen, dass auf seine höchsten Hänge
ein Pfad sich tausendfältig im Verborg'nen wand?

Zur ersten Rast bei einem Fahnenmast gesessen,
verschnauften in des Stupas Schatten wir darauf.
Der hat im Innern einen Klafter kaum gemessen,
und Tür und Fenster standen beide weit ihm auf.

Ich spähte, doch da war kein Leichnam im Gehäuse,
nur Tropfstein hing wie Frauenhaar so dicht und stark.
Aus ihrem Schlaf gerissen, flogen Fledermäuse
mit Schwingen, weiß wie Schnee, erschrocken auf vom Sarg.

....

[1] Im Jahre 812

Dann innerhalb der Tore: Nirgends eb'ne Stellen,
der Ort war eng, so wie der Himmel drüber weit.
Terrassen, Türme und Zönobien, Zellen –
dies alles im Gelände auf und ab verstreut.

Auf stein'gem Grunde – ohne Erde, sie zu halten –
verwachsen und verkümmert Baum und Buschwerk stand,
des Wurzeln eisern sich um diesen Felsen krallten,
wie Schlangen um und um gewunden und gespannt.

Und Kiefer wechselte mit Kassia im Reigen,
die schattig grün fortwährend in des Jahres Gang,
indes aus diesen dürren Ästen und Gezweigen,
als ob es Saiten wär'n, ein leiser Wind erklang.

Mich wendend, konnt' des Tempels Tore ich erblicken,
der Bögen Rot vor Hängen, die in Grün gehüllt,
und wie von Riesenhand gekerbt des Berges Rücken,
die ihm den Spalt mit Turm und Mauer ausgefüllt.

Wo Sonnenstrahl und Mondschein sich ihm stets verwehren,
da tauchte dieses Grün in tiefe Schatten ein.
Ein Vogel ließ von irgendwo sich manchmal hören,
wie einer Grille Zirpen war sein Lied so fein.

Am Gästepavillon verhielten wir die Schritte
und setzten uns – doch nur, um flüchtig zu verweil'n.
Dann ging es wieder weiter durch des Nordtors Mitte –
da dehnten jäh sich unter uns zehntausend Meil'n!

....

Die Giebel glänzten wie ein Stück vom Regenbogen,
indes Gewölk in Wirbeln um die Balken fuhr
und weiße Tropfen durch die Purpurdämm'rung flogen,
da Sturmesfinsternis verschmolz mit dem Azur.

In sattem Grüne mischten Wiesen sich und Wipfel,
wo vor dem späh'nden Aug' des Qin-Lands weiter Schoß.
Vom Wei-Fluss, der zu schmal, sah man nicht einen Zipfel,
die Kaisergräber kaum wie eine Faust so groß.

Ich sah mich um – ein roter Flechtzaun, reich gewunden,
der zeigte uns des Wegs, den wir gekommen, Lauf -;
da unten drehten, die uns folgten, ihre Runden
und mühten sich im Gänsemarsch zum Gipfel auf.

Nun lagen Türme auf dem Weg, die Schätze bargen,
im Winde tönten hell die Glöckchen ringsumher.
An allen Balken, Simsen, Tür- und Fensterzargen,
o wie's da funkelte von Gold und Jade schwer!

Es heißt, an dieser Stelle hab' zum letzten Male
der Buddha Kasyapa den Erdenstaub gefühlt –
noch heute zeigt man hier die eh'rne Bettelschale,
auf deren Grund sich seines Fingers Spur erhielt.

Hier kann man auch den Saal nach Ost sich öffnen sehen
mit seinen Statuen, die ganz aus Jadestein,
wo weiße Buddhas in so großer Menge stehen,
dass man fast meinen möcht, in einem Wald zu sein.

....

Erst säuberten die Kleider wir vom Staub der Reise,
die uns hinaufgeführt in diese Bergeshöh',
verneigten uns sodann auf ehrfurchtsvolle Weise
vor den Figuren allen, rein und weiß wie Schnee.

Die geistlichen Gewänder nämlich, die sie trugen,
die waren ganz und gar von Rauhreif überdeckt,
und Blitze, als ob's Eiskristalle wären, schlugen
aus ihren Kronen, die aus Perlen aufgesteckt.

Ganz nah sind an die Bilder wir herangetreten,
um diese wahren Wunderwerke anzuschaun –
mir scheint, von Geistern war dazu die Kraft vonnöten,
nie hätte eines Menschen Meißel sie gehaun!

Dann sind zum Guanyin-Tempel wir hinaufgestiegen -
von fern flog uns der Duft von Sandelholz schon zu – ;
wir ließen unsre Schuhe auf dem Umgang liegen
und schritten durch den Jaspissaal in aller Ruh.

Auf sechs gewalt'gen Säul'n der Spiegel aus Juwelen,
aus Gold, getriebenem, der Sessel Viererschar:
O wie sie glänzten, dieses Dunkel zu beseelen,
dass weder Wachs noch Lampe hier vonnöten war!

Die Wände allenthalben Kostbarkeiten trugen:
Korallenbanner, Karneol-Tapisserien.
Im Luftzug diese Steine aneinander schlugen,
ihr feines Klirren klang wie Himmelsmelodien.

....

Als wärn es Tropfen Taus, die Perlen hingen,
als wär es Blut, so brannte der Rubine Rot,
die siebenfach um dieses Buddha Scheitel gingen,
dass eine Krone aus Juwelen ihn umloht.

Aus blassem Turmaline dann die beiden Vasen
- noch kälter als der Herbstwind war ihr mattes Bunt -,
in die sie einst des ird'schen Buddha Asche lasen
und die so glatt wie Speckstein und wie Kiesel rund.

Und wohin mag der Jadeflöte Ursprung reichen?
Die brachten Engel dem Erleuchteten einst dar –
des Kranichs Schrei im Herbst soll ihre Stimme gleichen,
mit der zur Erde locke sie der Geister Schar.

Dem Glanze der Juwelen sich der Mondschein mischte
und ließ ein kühles und kristall'nes Licht entstehn,
das Geist und Glieder gleichermaßen uns erfrischte,
so dass es nicht mehr nötig war, zu Bett zu gehen.

Im Morgengrau'n stieg ich zum Stupa auf gen Süden,
wo wilder Bambus sich graziös im Winde bog.
Kein Mensch war unterwegs in diesem Waldesfrieden –
ein Falter, den es fröstelte, nur mit mir zog.

Ich wusste nicht, wie dieser Berge Büsche hießen,
mit denen beiderseits der Weg sich üppig ziert',
doch ließen Früchte sie in großer Fülle sprießen,
die – sauer oder süß – ich allesamt probiert.

....

Nach Süden hin gebot der Geist der Blauen Grotte,
dem grüner Schirm und weiße Geldschein' zugehörn.
Zu Neujahr opfern hier die Leute diesem Gotte,
indem sie Kleefarn ihm und Mutterkorn verehrn.

So heilig ward die Stätte immerdar befunden,
dass Opferblut die reine Erde nie berührt.
Felsblöcke sind – vier, fünf – mit Scharten und mit Schrunden
zu einer ries'gen Kuppe schwindelnd aufgeführt.

Der diese Welt einmal erschuf – aus welchen Gründen
hat an der Berge Ostrand er sie hier gewälzt?
Am glatten Hang ist keines Fußes Spur zu finden,
nur Moos, das wie ein Blumenmuster ihn bepelzt.

Ich kletterte hinauf bis an sein höchstes Ende –
um jäh vor einem Abgrund, bodenlos, zu stehn.
Mich schwindelte, die Knie zitterten und Hände,
ich wagte nicht den Kopf zu rühren, hinabzusehn.

Und plötzlich an den Felsen drunten Winde rauschten
und packten mich und brachten mich beinah zu Fall,
dass mächt'gen Schwingen gleich sich meine Kleider bauschten,
mich wie ein Vogel fortzutragen, fort ins All.

Die Gipfel rings so klar und kantig sich erhoben,
als stünden Schwerterspitzen dicht gebündelt da.
Und Dunst umwallte weiß sie in den Lüften droben,
durch den das Himmelsblau ich manchmal schimmern sah.

....

Nun sank die Sonne mählich im Nordwesten nieder,
indem aus rotem Rund sie ihre Strahlen sandt',
bis ihre Scheibe, schwefelgelb auf einmal wieder,
jäh hinter unermesslich grüner Flur verschwand.

Dies war, südöstlich aufzugehn, des Mondes Stunde:
In Schüben, die erfrischten, floss die Nachtluft ein,
da von des Teichs gewaltig tiefem, grauem Grunde
sich des Trabanten Bild erhob in goldnem Schein.

Und da der Lan-Fluss – blau, wie es sein Name kündet,
des Tags, des Nachts nur strudelnd, rauschend – ohne Halt:
Als wär's ein Ring, der bunt sich um den Finger windet,
folgt er in tausend Schleifen des Gebirgs Gestalt.

Dort mochte er's, sich breit und ruhig zu bewegen,
hier stürzte schäumend er sich übern Klippensaum –
auf jenem klarsten, jenem tiefsten Teich hingegen
schwamm seltsam dieser „Drachenspeichel": Ambraschaum.

Mich beugend, sah ich eine Treppe, steil, aus Steinen,
die ging so tief hinunter, dass ich Schwindel spürt'.
Die Hand am Efeu und auf Windbruch mit den Beinen,
folgt' ich der Affenfährte, die zur Tränke führt.

Wie Schneegewölk die Reiher in die Lüfte stoben,
da blitzt' es rötlich irgendwo - ein Stör im Sprung.
Kurz hielt ich an, die kühlen Fluten zu erproben,
dem müden Leib zu gönnen etwas Reinigung.

....

Ob seicht, ob tief – das Wasser schien Kristall zu gleichen,
ganz klar sah meine Beine, Füße ich darin.
Zufrieden ließ den Blick ich übers Flussbett streichen,
ob irgend ich erspähte seines Laufs Beginn.

Voll selt'ner Steine ist sein östliches Gestade,
azurne Schichten sind mit Malachit durchwirkt,
der hinter seiner glatten, glänzenden Fassade
noch weitaus schönere Kleinodien verbirgt.

Vor langer Zeit musst' Bian von Chu sein Leben lassen –
wie häufig man Juwelen, ach, für unecht hält!
Bisweilen bricht ein Glanz nachts aus den Felsenmassen,
der sich dem Mondschein und dem Sternenlicht gesellt.

Da wo am höchsten sie, die Bergesgipfel ragen,
auf grünen Jadesäulen ruht das Firmament.
Die Eidechse nicht mal würd' dort zu klettern wagen –
wie denn ein Mensch da Halt für seine Füße fänd?

Ganz oben ist des Weißen Lotos Teich zu finden,
aus dessen klaren Well'n sich Knospenpurpur reckt.
Bis auf den Namen ist von ihm nichts zu ergründen,
weil jenseits er der Grenzen liegt, die uns gesteckt.

Dann ließ den Blick auf einem Felsen ich verweilen:
Grad wie ein Pflasterstein, so flach war dieses Ding
und sprang auf halber Höhe aus der Wand, der steilen,
wo es wohl tausend Fuß noch in die Tiefe ging.

....

43

Ein Meister, heißt es, habe in vergangnen Zeiten
an jenem Platz von Leben sich und Tod befreit.
Die Stelle nennt man „Stein der Abgeschiedenheiten" –
ja, so erzählen es die Alten hier noch heut'.

Schritt dann zum „Schreine, wo die Feen zusammenkommen".
Welch ein Bewuchs die greisen Mauern überzog!
Ein Mensch, ein sterblicher, so habe ich vernommen,
auf mag'schen Schwingen einst von hier gen Himmel flog.

Es wachsen Eppich, Raute der Terrass' zur Rechten,
auf der sein Zauberkraut zu trocknen er gewöhnt.
Man sagt, dass manchmal noch, in klaren Vollmondnächten,
des gelben Kranichs Schrei an diesem Ort ertönt.

Dann bin zur Stelle ich des Drachenbilds gegangen,
wo sich zwei greise Männer, bärtig, mir gezeigt.
Am heil'gen Pulte warn sie, im Gebet gefangen,
in tiefer Ehrfurcht ihre graue Stirn geneigt.

Wenn sie in ihre Höhle unterm Flusse schreiten,
dann in des Stromreptiles Körper, der sich biegt.
Droht Regen, lassen Rauch sie, weißlichen, entgleiten
aus einem Felsloch, das vor ihren Stufen liegt.

Ein Priester pflegt' einst heil'ge Bücher abzuschreiben,
der gut gewachsen und von gradem Wandel war
und Tauben liebte, die auf tausend Flügeln treiben
da übern Wolken hoch am Himmel Schar um Schar.

                                    ....

Die kamen, Wasser für den Tuschstein ihm zu bringen,
das sie vom Strome holten dort im Felsental.
Dreimal am Tage nahten sie auf ihren Schwingen,
versäumten ihre Stunde nicht ein einz'ges Mal.

Als er's vollbracht, die heil'gen Schriften zu kopieren,
holt' man den Priester Yangnan, seinen Schüler, her,
der anhob, aus dem Lotos-Buch zu intonieren
die Hymnen millionenmal gewiss und mehr.

Er sang noch fort, als ihm der Körper längst verfallen –
o seine Zunge glich der Lotosblüte Glut!
Heut' zeigt man die Reliquie nicht mehr allen,
doch ehrt man immer noch den Schrein, in dem sie ruht.

Von Wu Daozi sind Fresken auf getünchter Mauer,
dern prächt'ge Farben wohl von untilgbarer Art.
Auf weißem Schirm beweist auch Meister Chus Schrift Dauer –
frisch wie am Tag, da ihm die Tusche trocken ward!

Die heiligen Gebäude und die schönen Plätze,
die hatten alle wir besucht nun nach und nach.
Fünf volle Tage brauchten wir für diese Schätze,
jetzt schritten wir nach Hause wieder ganz gemach.

....

Der ich geborn in des Gebirges Ödgefilden
verfing nur widerwillig mich im Netz der Welt.
Gezwungen ward ich, durch Studieren mich zu bilden,
hab nur auf Drängen mich dem Dienst am Staat gestellt.

In meinen jungen Jahren ist es schon geschehen,
dass ich erwarb der schönen Künste Meistergrad.
Im Lauf der Zeit hab' manches Amt ich dann versehen,
war Urkundsarchivar und auch im Zensorat.

Indes mein Sinn, er war zu schlicht für diese Zeiten -
ich ging zum Staat, weil sonst ich kein Talent besaß.
Stets hab' ich Scham dafür empfunden vor den Leuten,
verdarb mit meiner Grübelei mir allen Spaß.

So hab vergeblich meine Kräfte ich verschlissen,
bis dann das Alter, ach, die Jugend überwand.
Kaum hab ich Kappe, Gürtel nicht mehr tragen müssen,
warn auch die Sorgen wie im Handumdrehn verbannt.

Durch Berg und Tal zu streifen bin ich nun beflissen
und tu nach Herzenslust dabei, was mir gefällt –
dem Wildtier gleich, das seines Jägers Netz zerrissen
und das nun nichts mehr, frei umherzuschweifen, hält.

....

Ja, wie ein Fisch, der in Gefangenschaft gehalten
und endlich einmal wieder doch das Meer gewinnt,
werd' niemals wieder einen Ehrgeiz ich entfalten,
der auf die Rückkehr in dies Marmorbecken sinnt.

Den Leib in eremitisch härenen Geweben,
das Buch in Händen, mit dem Zhuangzi sich empfahl,
will ich zukünftig einsam in den Bergen leben,
der Erdenfesseln ledig ein für alle Mal.

Wohl vierzig Jahre hab' ich mich und mehr geschunden –
gesetzt, dass unser Dasein siebzig so umfasst,
dann bleiben – falls ich bis zuletzt denn ungebunden –
mir dreißig immer noch für Muße und für Rast!

Krankheit und Nichtstun

Hab' Muße, weil ich krank bin, aus dem Dienst gerissen:
Was mach ich mit der schönen Zeit, mich zu zerstreun?
Nun, Pinsel mag und Tusche ich auch jetzt nicht missen,
    denn hin und wieder fällt ja ein Gedicht mir ein.

Doch fertig scheint's Geschmack und Tiefe zu entbehren,
    dass alle Welt sich drüber nur mokieren kann.
Den Kenner muss das Metrum, saft- und kraftlos, stören,
    die Wahl der Worte wied'rum den gemeinen Mann.

    Ich summ das Liedchen leise vor mich hin –
    halt! - besser, wenn ich hier noch einmal sinn...

Von Suzhou und von Pengzi die Präfekten beide,
    die lange tot – sie hätten mir wohl Lob gewusst.
Wem aber macht es heute sie zu hören Freude?
    Dem Yuan Zhen, natürlich, wär es eine Lust!

Doch musste der, verbannt, sich nach Jiangling verfügen,
    versieht als Schreiber da auf Jahre seine Pflicht.
Dreitausend Meilen sind's, die zwischen uns nun liegen -
er weiß nicht einmal, dass ich's schrieb, hier dies Gedicht!

18

Traurige Lieder, gedichtet im Dorfe Wei

Stumm lieg ich hier, verkrieche mich in meine Kissen.
Im stillen Zimmer nirgends sich ein Lüftchen rührt.
O würd' mich wer am lichten Tag im Bette wissen,
in das nicht Krankheit mich, nicht Müdigkeit geführt!

Wie Jade bleich sind nun des Knaben ros'ge Wangen,
des Winters Schnee die sieche Schläfe nun bedeckt.
Was Wunder, dass der Leib nicht dem Verfall entgangen -
das Herz ist älter als die Haut, in der es steckt!

Weltmann und Klausner

Als Kräuter feilzubieten ich zur Stadt geschritten
und mich verschnaufte bei des Blauen Tores Grün,
da kam wer auf dem Wege plötzlich angeritten,
der mir ganz bleich und völlig fassungslos erschien.

Verwandte, Freunde standen, ihm Adieu zu sagen –
ihn aber hielt es sichtlich länger nicht am Ort.
Verwundert wandt' ich zu den Leuten mich, zu fragen,
wer dieser Reiter sei und was ihn treibe fort.

Premierminister sei er, ließen sie mich wissen,
bekleide jenes Amt, um das sich alles dreh'.
Zehntausende werd' so ein Mann verdienen müssen
und dreimal täglich such' der Kaiser seine Näh.

Noch gestern ließ der Thron von seinem Rat sich leiten,
und heute ist er plötzlich nach Yaizhou verbannt.
So geht den Fürstendienern es zu allen Zeiten –
am Morgen Gunst und noch vor Abend Schimpf und Schand'.

Östlich der Stadt, wo Gräser zu Millionen sprießen,
durch die ein Weg führt bis in das Gebirg' hinan,
sieht man im Dunst 'nen Klausner seinen Tag genießen –
wer würde zweifeln, dass er letztlich besser dran?

Widriger Wind in Jiukou

Vom Sturm gepeitscht, ist ihm die Flut so hoch gestiegen,
dass nichts und niemand über diesen Fluss mehr dringt.
Wo ich auch bin, Gefahren, Hindernisse liegen,
was ich auch immer tu, ganz sicher, es misslingt.

So wie's mich treibt zu diesen und zu jenen Plätzen
und meine Pläne nie einmal erfolgreich sind,
so ist mir heute auch verwehrt das Übersetzen
hier über diesen Strom durch allzu starken Wind.

Gequollen sind im Regen Fische und Garnelen,
ihr fauliger Geruch mir in der Nase steht.
Und dann die Mücken, die sich aus den Dünsten stehlen:
Mein ganzer Leib ist schon von Stichen übersät.

Ich fühl mich alt und mählich an des Todes Schwelle,
indes die Zeit verströmt, was immer auch passier'.
Und jetzt, jetzt komm ich mit dem Schiff nicht von der Stelle,
dass ich zehn Tage unnütz in Jiukou verlier!

Auf dem Schiff bei der Lektüre von Yuan Zhens Gedichten

Ich nehme die Gedichte, die du schriebst, zur Hand,
im Schein der Kerze deine Zeilen zu genießen.
Geendigt, ist das Licht herunter schon gebrannt,
doch scheint die Morgendämm'rung noch nicht einzufließen.

Die Augen tun mir weh, ich lösch die Kerze aus
und lass ein Weilchen es im Dunkel mir behagen.
Nach draußen zu den Wogen lausche ich hinaus,
wie sie im Sturme an den Bug des Schiffes schlagen.

Ankunft in Xunyang

Wie wir um eine Kurve dieses Flusses biegen,
wird auf zwei stolze Bogen unser Blick gelenkt,
die sich zum Tor, zum westlichen, zusammenfügen
in jenem Walle, der die Stadt Xunyang umfängt.

Noch brauch ich zwischen diesen beiden Uferzeilen,
auf einem Wasser, dem sich ständig Dunst entringt,
mit meiner Barke ungefähr so drei, vier Meilen,
da schon vom Himmel gelb die Dämm'rung niedersinkt.

Nun werden wir die Fahrt in Xunyang bald beschließen.
O was für eine Flut sich von Gedanken rührt,
seitdem im Süden wir den Turm von Yuliang ließen
und östlich daraufhin den Hafen Pen passiert!

Nach den vom Berge ihm gesandten Regenschauern,
wie kahl er steht, der Wald, entblößt von seinem Laub;
und wie die Dächer sich, die strohgedeckten, kauern
in den vom Fluss her weh'nden, diesen Nebelstaub!

Die Pferde haben unter feuchter Kost gelitten,
es wird die Last auf ihren Rücken ihnen schwer.
Durch die geflochtnen, dünnen Wände dieser Hütten
bläst bis ans Bett wohl gar der Wind von draußen her.

Da sind ja Wagen, rotgerädert, in der Ferne,
die einer nach dem andern aus dem Stadttor rolln.
Nein, diese Höflichkeit! Das seh ich wirklich gerne –
dass den Präfekten sie, den neu'n, begrüßen wolln!

Die Befreiung der Wildgans

Zehn Jahre waren mir in Jiujiang schon verflogen,
da lag der Schnee besonders hoch zur Winterzeit.
Das Flussbett war von einer Eisschicht überzogen,
gebeugt stand er, der Wald, in seinem frost'gen Kleid.

Die Vögel, wie sie hungern mussten, ach, und frieren!
Man sah nach Ost so gut sie wie nach Westen ziehn.
Da war auch eine Wildgans unter diesen Tieren –
o wie erbärmlich hat nach Nahrung sie geschrien!

Sie sucht den Schnee ab, ob sich irgend Gräser zeigen,
verschnauft danach ein wenig an der kalten Statt.
Dann will sie flatternd wieder in die Höhe steigen,
doch nach dem langen Flug ist sie noch viel zu matt.

Am Ufer haben Knaben Netze aufgeschlagen,
mit denen fangen sie die Flatternde da ein
und gehen dann, sie auf den nächsten Markt zu tragen,
um sie lebendig zum Verkaufe auszuschrein.

Der aus dem Norden ich vorzeiten ward vertrieben,
leb als Verbannter nun schon lang an diesem Ort.
Sind wir – ob Mensch, ob Tier – nicht beide doch geblieben
in diesen Südgefilden Fremde immerfort?

Sie hat vermocht, mir Mitleid in das Herz zu senken,
die Wildgans, die aus ihrer Heimat auch verbannt.
Ich kaufte sie, nur um die Freiheit ihr zu schenken –
o wie sie eilends zu den Wolken hoch entschwand!

....

Sag mir, wohin, du Wildgans droben in den Lüften,
wohin von deinen Schwingen du dich wiegen lässt?
Um eines bitte ich dich nur: Du mög'st nicht driften
nach diesen Ländern, die da liegen in Nordwest!

Denn in Huaishi gelang es noch nicht zu beenden
der wild verwegenen Banditen Rebellion.
Millionen Männer halten drum in ihren Händen
die Schwerter und die Lanzen viel zu lange schon.

Das Heer des Herrschers, der Rebellen Legionen:
fast schon ergraut kann in den Gräben man sie sehn.
Und so gering sind mittlerweile die Rationen,
dass sie gewiss so eine Wildgans nicht verschmähn.

Die Hungernden erlegten dich mit Pfeil und Bogen,
um dich sogleich an Ort und Stelle zu verzehrn,
nachdem sie dir die langen Federn abgezogen,
die der Geschosse Schäften schöne Flügel wärn!

Gräser

Wie lieblich leuchten sie, die Gräser auf den Fluren,
verwelken Jahr für Jahr und wieder sich erneu'n.
Es löschen nicht des Herbstes Feuer ihre Spuren,
der Frühlingswind bläst ihnen frischen Atem ein.

Ihr Duft erstreckt sich weit bis zu den alten Wegen,
bis zu der Feste Trümmern reicht ihr heitres Grün.
Dem reis'gen Prinzen winken sie Adieu hingegen –
o wie's ihn schmerzt, bei dieser Pracht ins Feld zu ziehn!

Das kleine Haus

Beim Dorftor findet sich das Häuschen, gleich daneben,
wo Huhn und Hund gern durch die lichte Hecke steigt.
Ein Graben geht, dem Südspaliere Nass zu geben,
im Norden an der Ecke sich ein Fenster zeigt.

Der Gartenschober will sich niemals richtig mehren,
die Darre, die im Hause steht, ist nie gefüllt.
Indes, ob etwas groß, ob klein, was kann's uns scheren,
da solcher Unterschied doch nur im Geiste gilt?

Erinnerung an Goldglöckchen

Schon vierzig war ich, krank und irgendwie verschlissen,
indes die Kleine drei erst, süß und ohne Arg.
Kein Sohn, nun, doch man hat sie einfach lieben müssen –
o welch Entzücken so ein Küsschen von ihr barg!

Und dann ward sie uns plötzlich fortgenommen,
ihr Seelchen flog davon – wohin, man weiß es nicht.
Die ersten Wörter sprach sie grade, noch verschwommen –
an Kummer, ach, das Blutsband uns nur immer flicht!

Ich dachte an die Zeit, bevor ich sie besessen,
und habe mit Vernunft mich vor dem Schmerz gewehrt.
Auf diese Art hab ich sie nach und nach vergessen,
dreimal ist seitdem schon der Frühling eingekehrt.

Doch heute brach sie wieder auf, die alte Wunde,
denn ihre Amme traf ich wo zur Morgenstunde.

Mein Leben

Mein Leben, sei es irgendetwas gleich befunden,
scheint mir dem Beifuß ähnlich an verlassnem Ort –
von Rauhreif rissig, seiner Würzelchen entbunden,
weht ihn der Herbstwind schließlich in die Ferne fort.

Einst war mir zwischen Jin und Yung zu schweifen teuer,
und heute unter den Barbarn von Ba ich haus.
Ein Jüngling war vorzeiten ich und voller Feuer -
da ich nun alt geworden, ist die Flamme aus.

Doch mag man äußerlich den Eindruck auch gewinnen,
dass es ganz einsam und ganz stille um mich steh –
in meinem Innern tief, ganz tief im Herzen drinnen,
da kocht es und da brodelt es wie eh und je.

Ob es mir Mangel oder Fülle hat beschieden,
ich trug mein Schicksal immer mit Gelassenheit;
war wie ein Greif, ein riesiger, wenn satt, zufrieden,
der sich erhebt bis in den blauen Himmel weit.

Glich, wenn ich darbte, einem Vögelchen dagegen,
dem schon ein Zweig genügt, dass es sich glücklich preist –
wer sich auf solche Art durchs Leben kann bewegen,
des Körper mag wohl leiden, aber nie sein Geist.

Trennung

Wenn's dämmert, heim zum Wald die müden Vögel ziehen,
die Wolken schweben wieder zu den Bergen fort –
doch wie viel Wandrer mögen unterwegs sich mühen,
unendlich fern von ihrem angestammten Ort?

Der Mensch bringt im Gewühl der Menge ja sein Leben
den lieben langen Tag in Hast und Hetze zu;
bei dem, was er so treibt, mag's Unterschiede geben -
doch gleicht sich's darin, dass er nimmer findet Ruh.

Im flachen Kahn bin ich ins Amt nach Chu gekommen,
zu Pferd ritt bis zur Grenze ich von Qin hinaus;
der Trennungsschmerz, er hat mich völlig eingenommen,
in meinem Herzen füllt er jeden Winkel aus.

Ein Schlückchen Wein will deshalb ich nun zu mir nehmen,
um so mich, ach, ein bisschen weniger zu grämen.

Vom herbstlichen Yangzi scheidender Schiffer

Im Herbste, wenn in starrem Zug die Schwäne fliegen
und wenn von früh bis spät der Affen Klage hallt,
seht einsam sich auf seinem Kahn den Schiffer wiegen,
von jeder Menschenseele wohl verlassen bald.

Vom Regen werden immer feuchter seine Sachen,
der aus den Wolken, die am Himmel jagen, sprüht.
Der funkelnde Yichang wird ihn nicht trunken machen -
voll Sehnsucht, ach, im Dunst der Wellen sein Gemüt!

Rückkehr zum alten Haus am Wei

Einst wohnt ich an des Wei gewundnen, klaren Wogen –
zum Tor hinaus, und an die Schildkrötfurt man kam!
Da nach zehn Jahren ich nun wieder heimgezogen,
wär's fast geschehn, dass ich die falsche Richtung nahm.

Und sinnend, wie zu gehen damals ich beschlossen,
ergriff mich dieser Ort, den ich so oft durchstreift:
Die Weiden, seinerzeit gepflanzt, warn hochgeschossen,
die Pfirsiche nun schon zum Altbestand gereift!

Verwundert hab ich in den Leuten, in den Großen,
die kleinen Kinder, die sie einmal warn, erkannt.
Gefragt, was denn den einst'gen Alten zugestoßen:
„Füll'n", hieß es, „halb wohl schon des Dorfes Gottesland".

Als flücht'ge Gäste treten wir in dieses Leben
und wissen nicht, woher wir kommen, was uns winkt.
Wie eine Murmel, gläsern, seht die Sonne schweben,
und wie sie wechselweise steigt und wieder sinkt!

Der Mensch und alles, ach, wird anders mit den Tagen:
Wenn ich so um mich blick, erfasst mich Traurigkeit.
Zurückschau'nd, muss ich auch nach meinem Dasein fragen –
o dass ich doch den Abend, den Verfall nicht leid!

Der Wangen Rot, Zinnober, hat sich längst verloren,
und auf dem Haupt mehrt sich das Haar so weiß wie Schnee.
Nur die drei Hügel, fern da hintern Tempeltoren,
sie tragen ihre Farbe noch wie eh und je.

Freude am Regen

Der Garten trocken? Malve, Veilchen Sorg' bereiten.
Das Feld nicht feucht? Wie mag's um Korn und Bohnen stehn?
Hat jeder seine eigne Last mit Dürrezeiten –
ich würde nach dem Bambus und den Kiefern sehn.

Im Blick beginnt, im Herzen Unruh mir zu sprießen,
dass sie verwelken und verdorren auf einmal.
Die Blätter netzen und die drögen Wurzeln gießen –
das Wasserschöpfen wird den Knechten schon zur Qual!

Da ziehen Wolken auf von Osten, dunkle, dichte,
und Regen sich erfrischend kühl in Schauern senkt,
es ist, als spülte Staub und Schmutz man vom Gesichte,
als würd mit Öl, mit köstlichem, das Haupt getränkt.

Die Stängel mählich wieder sich mit Feuchte füllen,
Millionen Blätter werden freudig wieder grün –
in tausend Tagen schaffst du nicht beim besten Willen,
was so ein Guss vermag, ein einz'ges kurzes Sprühn!

Und mir wird klar: Lebend'ge Seelen recht zu führen,
das ist, als ob man Bäume oder Gräser pflegt.
Drum sei euch Weisen, euch, berufen zu regieren,
der Jahreszeiten Harmonie ans Herz gelegt.

Regen

Seitdem ich in der Fremde hier in Xunyang stecke,
ununterbrochen strömt es düster da herab.
Nur selten wird sie heller, diese Wolkendecke –
die meiste Zeit verdös ich deshalb, müde, schlapp.

Der See, er will beinah bis an den Himmel rühren,
die Wolken liegen fast schon auf dem Wasser auf.
Ich hör die Schiffer hinterm Busch Gespräche führen,
des Fischers Lied vom Straßenende ganz herauf.

Durch gelben Nebel huschen Vögel wie Gespenster,
vom Segel schlagen Fetzen auf das Schaumgewog.
Zum Strom ward über Nacht hier unter meinem Fenster
der Weg, auf dem sonst Pferd und Wagen immer zog.

Sommeranfang

Wenn's Sommer wird, eint Frohsinn Pflanzenwelt und Tiere,
da künftig nichts mehr ihrem Wohlbefinden wehrt.
Der Hirsch, der Has' äst in des dichten Walds Reviere,
das fette Gras die Käfer und die Schlangen nährt.

Die Vögel lieben's Laub, sich darin zu verstecken,
die Fische tummeln munter sich im frischen Ried.
Der Sommer, ach, vergaß nur einen einz'gen Flecken:
Alleine lieg ich hier – ein Hälmchen, welk und müd.

Muss einsam mich, ans End' der Welt verbannt, verzehren,
in alle Winde sind die Meinen mir verstreut.
Aus meiner Heimat – keine Nachricht, nichts zu hören,
Rebell'n durchstreifen überall die Lande weit.

Und doch: Wohin soll dieses ganze Grämen führen?
Es martert einem ja das Herz nur unverwandt.
Wär's besser nicht, mit Leib und Seele nach Gebühren
das Los zu tragen, das der Himmel uns gesandt?

An Weinen herrscht in Xunyang Mangel nicht, an guten:
Ich füll den Becher mir – auf dass er leer nie sei!
Und Fische gibt's wie Sand hier in des Stromes Fluten:
Legt jeder Mahlzeit sie – gekocht, gebraten – bei!

Beim Hügeltempel geh zum Reis ich jeden Morgen
und auf des Teiches Insel abends stets zum Wein.
Warum nur sehnend um die Heimat sich besorgen?
Auch hier könnt' gut und gerne ich für immer sein!

Ein Narr singt in den Bergen

Wer ließe sich nicht irgendeiner Schwäche zeihen?
Die meine: dass ich Verse schreibe dann und wann.
Von tausend Nichtigkeiten konnt ich mich befreien –
doch diese, ach, sie haftet mir noch immer an.

Kann irgendwo ich eine schöne Landschaft schauen,
begegnet mir ein treuer Freund von ungefähr,
dann muss ich's unverzüglich Versen anvertrauen,
entzückt, als ob mir grad ein Gott erschienen wär.

Seit ich, verbannt, gezwungen in Xunyang zu weilen,
hab ich die halbe Zeit hier im Gebirg' verbracht
und habe oft, wenn ich vollendet neue Zeilen,
zum Fels im Osten still mich auf den Weg gemacht.

Ich lehn mich an, des Abhangs weiß Gestein zu spüren,
zieh einen Zweig von grüner Kassia herbei.
Mein Lied lässt es in Berg und Tal sich ringsum rühren –
die Vögel, Affen lauschen meiner Narretei.

Damit die Welt mit ihrem Spotte mich nicht quält,
hab fern von ihr ich diese Einsamkeit gewählt.

Frühling am See

Wie ein Gemälde liegt der See, seitdem es Frühling ward:
Der Berge wirrer Kranz umzieht ihn ringsumher,
davor stehn dicht die Kiefern neben Bäumen andrer Art,
der Mond malt sich als Perle in sein Wellenmeer.

Wie Fäden aus smaragdnem Vlies, so sprießt der Reis empor,
das frische Ried entrollt wie Band sich von Lamé.
Nur ungern ließ ich hinter mir noch immer Hangzhous Tor -
und was mich hält, das ist vor allem dieser See.

Herbstabend

Es dampft die Erde wieder frische Nebelschauer,
am Rand des Teiches spürt den Wind man leise wehn.
Die Grille schreckt vor Frost da drüben bei der Mauer,
im Schlafe hör den Kranich ich im Käfig gehn.

Das alte Antlitz will mir wie der Herbst erscheinen,
den Dingen gleicht mein Wollen immer mehr, die tot:
der Nacht, die Reif bringt allem Groben, allem Feinen,
dem Blatt der Birne, das zur Hälfte, ach, schon rot.

Zum 60. Geburtstag

Mit dreißig, vierzig meist verstrickt in der fünf Lüste Schlingen,
erliegt mit siebzig, achtzig man dem hundertfachen Leid –
indes mit fünfzig, sechzig bist du frei von diesen Dingen,
dass fröhlich und gelassen sich dein Herz der Ruhe freut.

Denn Wollust, Gier, Gewinn und Ruhm gefährden nicht das Leben,
noch fern sind die Gebresten, ferner noch die Greisenzeit.
Die Glieder taugen noch, dem Berg, dem Strome zuzustreben,
noch ist der Geist, wenn Töne schwingen, mit zum Flug bereit.

Behaglich seht beim Trunk ihn, beim Genuss des Weins verweilen,
den sel'gen Zecher, der bald singt, bald fröhlich deklamiert!
Drum will ich Dunshi und Mengde den guten Rat erteilen:
Schmäht nicht die sechzig, da „mit offnen Ohren man kapiert"![1]

[1]In den „Gesprächen" (*Lunyu*, II/4) sagt Konfuzius (551 – 479 v. Chr.), mit 60 habe er endlich „die passenden Ohren" gehabt (um die Wahrheit zu vernehmen).

Aufenthalt im abgelegenen Kloster

Geachtet, aber alt und ohne weitres Streben,
zog es vom Amte in die Einsamkeit mich fort.
Das Häuschen hab ich, matt und klapprig, aufgegeben
und nahm ein stilles Kloster mir zum Zufluchtsort.

Ein Bastkleid trag ich nun statt Ohrgehäng' und Spangen,
ein Knotenstock ersetzt mir Mähre und Gefährt.
Ich komm und gehe nur nach eigenem Verlangen –
und fühl zu meiner Freude mich ganz unbeschwert.

Gen Süden zu den Hügeln wandre ich am Morgen,
lieg nachts zu ihren Füßen bei der Klause dann.
Die tausend Dinge, in der Welt da zu besorgen,
sie gehn mich alle das Geringste nicht mehr an.

Nach dem Mahle

Nun, nach dem Essen sollt ein Schläfchen mich erquicken,
danach hab ich gemach zwei Schälchen Tee geleert –
jetzt schau ich auf und kann den Sonnenball erblicken,
wie er allmählich wieder gen Südwesten fährt.

Wer glücklich, grämt sich um des Tages flücht'ge Stunden,
den Trauernden bedrückt der zähe Zug der Zeit -
hingegen einer, der von Freud und Leid entbunden,
auf was wie „kurz" und „lang" gibt der nicht einen Deut.

Genuss von Bambussprossen

Wie üppig meine neuen Gaue Bambus tragen –
im Lenz fülln seine Sprossen Berg und Tal zuhauf!
Die Holz haun da am Hügel sich 'nen Armvoll schlagen,
um ihn am Frühmarkt anzubieten zum Verkauf.

Was reichlich ist, lässt sich für wenig Geld besitzen –
zwei Heller gibt man für die Pflanze, bündelweis.
Ich lege ihre Schösslinge, sie zu erhitzen,
in einen irdnen Topf und koche sie mit Reis.

Wenn dann die Schal'n, die purpurfarbenen, zerreißen,
sehn wie Brokat sie aus, der ziemlich schon bejahrt;
hingegen, wenn die Hüllen bersten, diese weißen,
dann scheint's mir wie ein Glanz von frischer Perlen Art.

Wie schwelge ich tagtäglich, oh, in diesen Speisen,
schon lange hab kein Fleisch ich mehr zum Mahl gewählt.
Als in Luoyang ich noch geweilt, in Hauptstadtkreisen,
hat es an Bambus stets und ständig mir gefehlt.

Nach Herzenslust kann ich ihn immer nun genießen,
denn jeder Hauch des Südwinds läßt ihn neu erspießen.

Nach dem Einziehen der Herbststeuer

Ich steh, von hoher Zinn' den Blick auf Ba zu senken,
wo es von Menschen wimmelt wie ein Fliegenschwarm.
Wie könnte diese Leute leiten ich und lenken –
ich werd ja nicht einmal mit ihrer Sprache warm!

Indessen freut's mich, da die Steuern nun erhoben,
dass keine schlechte Stimmung herrscht in diesem Land.
Obwohl: Für sein Gedeihn bin wohl nicht ich zu loben –
die reichen Ernten heuer eher sei'n genannt.

Es gibt für mich nur eines, das ich mit Behagen
mir anzuschauen nimmermehr ermüdend find –
das ist der Bach, wie in den schönen Frühlingstagen
er murmelnd über Felsen, über Kiesel rinnt.

Als er einem Porträtmaler sitzen sollte

Ihr mischt die Farben, blaue, rote, so behände,
obwohl das Alter mir doch Runzeln schon verliehn.
Ist es denn gut, dass man die Fantasie verschwende,
um Züge, die allmählich welken, nachzuziehn?

Das Einhorn-Pantheon, mag's noch so hoch auch ragen,
an seinen Wänden prangt nicht meiner Taten Ruhm.
Das kleine Bild, auf Malerseide aufgetragen –
was mach ich nur mit einem solchen Eigentum?

Zur Abberufung aus Xunyang und Versetzung nach Zhungzhou

Als ich mein Amt vordem in Xunyang hab versehen,
beklagt ich schon der Freunde, Gäste kleine Zahl.
Da hieß es plötzlich schweren Herzens fortzugehen,
und nichts gereiche mir zum Troste dazumal.

Ich bin verdammt, von nun an stets allein zu bleiben
in schwindelnd tiefer Schlucht, von Bergen steil gesäumt.
Ein halbes Jahr vermag kein Boot hindurchzutreiben,
weil das Gewoge sich wie Rosse hebt und bäumt.

Von Ba die Leute, ach, sie gleichen wilden Affen,
so stark und grimmig fülln Gebirge sie und Grün.
Wie soll ich unter ihnen einen Freund mir schaffen?
Recht wär mir jeder, der mir nur als Mensch erschien!

An Li Jian

Meine Provinz: Entlegen und kaum wert der Mühe -
dem Hofkalender aber folgt der Feste Reihn:
Dem Windgott brachten Opfer wir in aller Frühe,
am Himmel glomm gerad' der erste Dämmerschein.

Da waren Reiter, dem Gefolg den Weg zu zeigen,
die führten weit uns vor die Stadt und ins Geländ',
wo sich vom Fluss die Nebel regenschwerer neigen
und von den Hügeln Feuer glühn zum Firmament.

Ich musste an die früh'ren Hofempfänge denken,
sah im Galopp zum Purpurschloss uns beide ziehn,
zum Drachenweg hinauf die Pferde eilig lenken,
nach hinten schauend nach des Südgebirges Grün.

Seit wir uns trennten, kamen beide wir zu Jahren,
und Sorge füllte, Kummer uns der Seele Raum.
Doch konnt bis heute ich im Ohre mir bewahren
des Jadeschmucks Geklirr an deines Rosses Zaum.

Der rote Papagei

Ein Papagei kam mir zur Freud:
Geschenk aus Annam-Land.
Von Pfirsichblütenfarb sein Kleid,
die Zunge sprachgewandt.

Ihm ist passiert, was stets passiert,
geht Wort mit Witz gemein:
Man nahm 'nen Käfig, goldverziert,
und schloss ihn darin ein.

Bach im Frühling

Wie rasch sind eines nach dem andern sie gewichen –
die Kälte, die Hitze, der Dämmer und die Nacht.
Kaum kann ich glauben, dass zwei Jahre schon verstrichen,
die ich in dieser Stadt, in Zhungzhou zugebracht.

Durch die geschlossne Türe zu mir her nur wehen
die Schläge, die der Trommel früh und spät entfliehn;
vom Fenster oben kann nichts andres ich erspähen
als nur die Schiffe, Schiffe, die vorüberziehn.

Vergeblich lockt die Goldamsel mit ihrem Liede,
ich möge unter blühnden Bäumen mich ergehn;
vergebens auch zum Ufer, in des Teiches Friede
mich Gräser laden, die in schönstem Grüne stehn.

Die Aktenarbeit kann mich weiter nicht beschweren,
am See die Laube ist ein lausch'ger Aufenthalt.
Im Regen fallen herbstlich aus der Traufe Beeren,
die Vögel kehrn beim Abendläuten heim zum Wald.

Über des Schlosses Vorbau, der nach Süd gelegen,
am Sonnenlicht, dem flimmernden, ich mich ergötz.
Ich ruh' auf meinem Lager, ohne mich zu regen,
in Muße eingehüllt wie in ein Spinnennetz.

An seinen Bruder Xingjian

Der Becher Wein, den wir heut früh zu uns genommen,
ist er's, der meinem Herzen dieses Glück verlieh?
Nein, solche Freude kann nur aus dem Innern kommen,
wer sie als äußerlich erklärt, begreift sie nie.

Zwei Brüder hab ich nur, die in der Ferne weilen,
und schmerzlich, dass wir nicht beisammen, mich's berührt;
doch diesen Lenz nun hat es mich zehntausend Meilen
quer durch Bas Schluchten unbeschadet hergeführt.

Zwei Schwestern hab ich außerdem, zwei Rangen,
der'n Haare noch nicht lang geflochten, noch gesteckt –
und beide sind die Ehe gestern eingegangen
mit Männern, Gott sei Dank, die mein Vertraun erweckt.

So bin ich ledig meiner Sorgen schließlich wieder,
als hätt ein Schwert vom Strick mich um den Hals befreit;
ganz schwerelos empfind ich plötzlich meine Glieder,
als ob ich schwebte, ach, in die Unendlichkeit!

Trink deinen Wein, Xingjian, und lass dir einmal sagen:
„Seufz' über diesen Ort nicht, weil ihn niemand kennt,
und auch nicht, dass dein Lohn so klein, sollst du beklagen.
Um eines bitte nur: dass nie mehr wir getrennt!"

Kinder

Sechs Jahre meinen Neffen „Schildkröt" grad beseelen,
und „Sommerkleid", mein Töchterchen, ist eben drei –
sie fängt jetzt an, ganz frisch und fröhlich zu erzählen,
und jener singt schon gern und spricht schon Verse frei.

Zu meinen Füßen morgens sie im Spiel sich üben,
am Abend dient als Kissen ihnen mein Gewand.
Warum seid ihr so spät geboren, meine Lieben,
jetzt, da das beste Alter mir bereits entschwand?

Die Kleinen – wie sie stets in uns Gefühle wecken,
dass gern wir unser Herz verschenken, die wir alt!
Doch auch der beste Wein wird einmal sauer schmecken,
des Monds vollkomm'nes Rund vergeht schon allzu bald.

Wie rasch es sich verkehrt, was wir so lieb gefunden
und sich zu Kummer wandelt und zur Sorgenlast!
Doch ist die Welt nicht in der Liebe Bann gebunden?
Wie konnt' ich wähnen, dass nur mich sie nicht erfasst!

Baumbeschneidung

Direkt vor meinem Fenster Bäume sich erheben,
die ragten dicht belaubt bis ganz weit in die Höh,
doch unglücksel'gerweise wehrten sie daneben,
dass ich die Berge da am Horizonte seh.

Bin eines Morgens mit der Axt drum ausgezogen,
dass ich dies ganze Astwerk eigenhändig licht –
zehntausend Blätter sind mir um den Kopf geflogen,
und tausend Hügel kamen mir zu Angesicht!

Als wär von Wolken oder Dünsten er entbunden,
so plötzlich breitete der Himmel dort sein Blau –
hab's wie das Antlitz eines lieben Freunds empfunden,
das ich nach langer Trennung endlich wieder schau.

Indem begann auch schon ein lauer Wind zu wehen,
und mählich fanden sich die Vögel wieder ein.
Ich wandte mich, zerstreut gen Süden auszuspähen,
Gedanken schweifend mit dem Auge im Verein.

Der Mensch muss sich zu diesem oder jenem neigen;
und zeigt zudem nicht jedes Ding zwei Seiten her?
Ganz sicherlich: Ich hing an diesen zarten Zweigen -
doch freut der Anblick grüner Hügel mich noch mehr!

Krankenbesuch von einem Freund

Bin schon so lange krank, dass ich die Zeit nicht zähle;
am Fenster südlich rasch mir Tag für Tag vergeht.
Die Winterspatzen schilpen, Trauer in der Seele,
im Grase unterhalb des Dachs von früh bis spät.

Aufs Kissen stütz ich mich, mich mühsam zu erheben,
schlepp mich zur Tür, dass ich den Weg zum Hofe nehm
- wo grad ein Freund erscheint, die Ehre mir zu geben –,
als ob ich zur Begrüßung ihm entgegenkäm!

Gleich ward im Abendschein mein Lager aufgeschlagen,
und unter Decken lehnt' ich an den Pfeiler mich.
Mehr denn Arznei schuf dies Gespräch mir Wohlbehagen,
so dass des Herzens Starre mählich von mir wich.

Vor Anker auf dem nächtlichen Fluss
während der Fahrt nach Hangzhou

Wer reist, hat wenig Schlaf, doch Vieles zu bestehen.
Des Nachts erhebt er sich, damit er heimwärts schau;
hell ist der Ufersand im Licht des Monds zu sehen
und weißer noch das Segel, überglänzt von Tau.

Zum Meere hin verbreitern sich des Stromes Fluten,
so wie der Tag im Herbst der Nacht allmählich weicht.
Schon dreißig Mal auf diesen dunst'gen Well'n wir ruhten,
doch haben wir Hangzhou noch immer nicht erreicht.

Der silberne Löffel

An Ämter bin ich schon gewöhnt, die weit entlegen,
das hat mich, als ich fortging, weiter nicht gestört;
doch dass den kleinen Cui ich lassen musst', deswegen
hab mancher Träne ich im Auge mich erwehrt.

Man soll mit aller Sorgfalt so ein Kerlchen speisen –
Ihr werdet's, liebe Amme Zou, gewiss verstehn!
Drum schickte diesen Silberlöffel ich auf Reisen:
Cui, denk an mich - und iss auch deine Suppe schön!

Auf den Hut, den Li Jian dem Dichter einst schenkte

Vorzeiten schenktest du dem mit den weißen Haaren
'nen Hut, der war umflort von schwarzer Gaze fein.
Ich trag' denselben immer noch nach all den Jahren,
du aber gingst schon zu den Gelben Quellen ein.

Das Ding ist alt, doch nach wie vor gut zu gebrauchen –
der Mensch kehrt nicht zurück, wenn er sich fortbegab.
Die Hügel draußen in den hellen Mondschein tauchen,
im Herbstwind wiegen sich die Bäume um dein Grab.

Schlaf auf dem Pferderücken

Das Gasthaus war noch weit, obwohl wir lang' geritten,
da wurden mir, dass ich entschlief, die Lider schwer –
von meiner Rechten hing die Peitsche, halb entglitten,
in meiner Linken fühlt' den Zügel ich nicht mehr.

Als ich benommen aufschreckt', meinte mein Geselle:
„Indes Ihr döstet, ging wohl hundert Schritt' das Pferd".
So war der Geist ersichtlich an des Leibes Stelle,
und „schnell" und „langsam" haben sich in eins verkehrt.

Denn es erschienen mir im Traume wie Äonen
die wen'gen Meter hoch zu Rosse durch die Flur.
Wie gern will ich deshalb des Weisen Spruch betonen:
„Selbst hundert Jahre, ach – ein kurzer Schlummer nur".

Nächtliche Ernüchterung nach der Trunkenheit

In gelber Dämm'rung endete die frohe Runde,
und ich begab mich heim, dass ich mich schlafen leg.
Als ich erwachte um die mitternächt'ge Stunde,
half mir ein Freund nochmal nach draußen auf den Weg.

Im Bett begann mein Rausch allmählich zu verfliegen,
als hätt' der Schlummer zu beschwicht'gen ihn geruht.
Inzwischen war vor meinem Turme aufgestiegen
fern aus dem Meer der Mond zusammen mit der Flut.

Die Schwalben fingen am, zum Giebel zu marschieren,
doch dann verkrochen sie sich wieder in ihr Nest.
Am Fenster sah ich nun mit letzter Kraft sich rühren
des Kerzenstummels zuckenden und zagen Rest.

Bis aus dem Morgengraun ein neuer Tag geboren,
so lange hat mir wohl der Schädel noch gebrummt
und ist von Tönen dies Gewirr in meinen Ohren,
als wär's von Flöten und von Lauten, nicht verstummt!

Als Gouverneur in Suzhou

Hier hab ich nur ein Amtsgebäude vorzuzeigen,
mit einem Garten ohne Recht auf Baum und Beet;
doch in Luoyang nenn' ich ein kleines Haus mein eigen,
ein strohgedecktes Hüttchen, das am Wei-Fluss steht.

Von allen Banden bin ich frei und Ehepflichten,
gäb ich mein Amt auf - nun, ich wüsst', wohin ich zieh.
Zu lang schon säume ich, es mir so einzurichten:
Ach, besser wär's, ich ginge augenblicks als nie!

Frühes Aufstehen an einem Lenzmorgen

Schon seh' der Morgensonne frühe Strahln ich fallen
hier auf mein Haus, auf meines Daches hohen First
und hör' die ersten Türen, aufgerissen, hallen
wie eine Trommel, die von Schlägen beinah' birst.

Der Hund liegt eingerollt auf der von Stein, der Schwelle,
da er die Erde, die von Tau befeuchtet, scheut.
Ganz nah erscheinen Vögel an der Fensterstelle,
die unentwegt wohl zwitschern: O wie herrlich heut'!

Mein Kopf ist schwer, noch von des Weines Geist besessen,
dem gestern ich gewidmet mich zur Abendzeit.
Ganz leicht empfinde meinen Körper ich indessen,
der von den Winterkleidern endlich nun befreit.

Ganz leer, empfindungslos und noch total benommen
bin aus dem Schlafe heute Morgen ich erwacht.
Ach, an die Heimat, wo ich einst zur Welt gekommen,
hab' ich so lange schon im Traum nicht mehr gedacht!

58

Resignation
Teil eines Gedichtes

Den Kopf halt' frei von allem früheren Erleben,
denn die Erinn'rung weckt doch nur Gewissensqual;
und frei von dem auch, was sich künftig mag begeben,
denn wer an morgen denkt, der sorgt sich allemal.

Viel besser ist's, am Tag wie 'n Sack im Stuhl zu hocken
und einem Steine gleich zu pflegen nachts der Ruh'.
Gibt's was zu essen, öffne deinen Mund den Brocken,
und wirst du müde, mach' die Lider einfach zu!

Beim Ersteigen der Guanyin-Terrasse
im Anblick der Stadt Changan

O diese Häuser – wie ein ries'ges Schachbrett sie sich breiten,
wie Kohl im Reihenbeet die wen'gen Straßenzeilen drin!
Fern sieht die Fackeln man von denen, die zu Hofe reiten –
ein Band von Sternen westlich über die Fünf Tore hin!

Beim Ersteigen der Lingying-Terrasse
nach Norden blickend

Als ich so stieg, da fühlt' ich jäh des Ird'schen ganze Enge,
der Blick ins Weite war mir seiner Nichtigkeit Beweis.
Ich eilte, dass ich wieder in die Stadt, nach Haus gelänge –
in riesenhafter Scheuer, ach, ein winz'ges Körnchen Reis!

Einsicht in die Nichtigkeit des Lebens
Auf die Mauer einer Priesterzelle geschrieben

Von meinen munt'ren Knabenjahren angefangen
bis heute, da ich alt und krank geworden bin,
trug ich nach ganz verschiednen Dingen wohl Verlangen,
doch die Geschäftigkeit, die steckt noch immer drin.

Einst konnten Sandpagoden mich am Strand erfreuen,
bei Hofe jetzt man mich von Jade klimpern hört -
das eine wie das andre: bloße Kindereien,
im nächsten Augenblick beinah' schon nichts mehr wert!

Wo Hände emsig, bleibt dem Herzen Weisheit ferne,
nur wenn die „Neigung" fehlt, hält man die „Lehre" rein.
Wär's das Bemühen auch, dass man den „Weg" erlerne:
Selbst dadurch stellt sich wieder neuer Irrtum ein.

Die vornehmen Häuser von Luoyang

Wes Häuser sind's, die sich an Wald und Wasser drängen,
dern jedes hohe Tore und viel Land besitzt
und Giebel, blau, an denen goldne Fische hängen,
und rosa Säuln mit Rossen, springend, eingeschnitzt?

Im Lenz den Pavillons sich Winde warm gesellen,
und kühles Mondlicht herbstlich ihre Höfe hüllt.
Aus Kiefernstämmen sieht man bernsteingelb es quellen,
rot wie Rubin es an den Bambuszweigen schwillt.

Die Teiche und Terrassen da ihr eigen nennen,
Minister sind es, Hofbeamte ausnahmslos.
Wie sollten sie dies alles je genießen können –
von des Verwalters Karte kennen sie es bloß!

Der Halb-Eremit

Die großen Eremiten auf der Gasse wohnen,
die kleinen bringen in der Öd' ihr Leben zu –
doch kalt und einsam sind die Wälder, Bergregionen,
die öffentlichen Plätze voll und ohne Ruh'.

Drum scheint es mir weit besser, halb und halb zu mengen
Einsiedlersein mit des Berufes steter Pflicht -
man ist im Amt und dennoch frei von manchen Zwängen,
fühlt minder Last und auch die Langeweile nicht.

Es müssen Hand und Hirn nicht allzu viel verrichten,
und doch hat gegen Hunger man und Frost Gewähr.
Man muss sich nicht wer weiß wie für das Jahr verpflichten
und kriegt doch jeden Monat wieder sein Salär.

Die 's gerne mögen, Berge rüstig zu ersteigen,
die finden Hügel, schön im Herbste, südlich vor,
und die sich dem Spazierengehn geneigter zeigen,
die feinsten Frühlingsgärten östlich vor dem Tor.

Willst du zu einem Schlückchen dich mal überwinden,
dann gehst du einfach hin, wohin man dich auch lädt.
In Luoyang wirst du immer nette Leute finden,
die gerne plaudern – wenn es sein muss, auch noch spät.

Bist du indes zu Hause lieber eingeschlossen,
verriegle einfach nur das äußere Portal;
sei unbesorgt, dass Sänften oder Staatskarossen
an deiner Tür sich zeigen dann in großer Zahl.

In seinem Leben, dieses weiß doch jeder heute,
kommt eine Sache oft der andern in die Quer' -
so drücken Hunger, Kälte wohl die kleinen Leute,
und Pflicht und Sorge machen es den Großen schwer.

Nur wer zur Hälfte Eremit in meinem Sinne
schafft sich ein Leben, das gesichert ist und frei.
Erfolg und Misserfolg, Verluste und Gewinne –
wie herzlich sind ihm solche Dinge einerlei!

Lob der Kahlheit

Wie seufzte morgens ich der ausgefallnen Haare wegen
und aus demselben Grunde noch einmal zur Abendzeit,
wie bang ging ich dem Tag, da' s letzte schwinden würd', entgegen -
jetzt sind sie alle fort, und doch ist es um keins mir leid!

Vorbei sind nun das Waschen und das Trocknen, diese Plagen,
und auch der Kamm, der leidige, liegt irgendwo entrückt;
das Schönste aber ist, wenn an den heißen, schwülen Tagen
mich auf dem Haupt da oben nicht mehr dieser Knoten drückt.

Der Hülle unbequemer Zierrat ist nun aus dem Spiele,
zukünftig bleibt er mir erspart, der dumme Quastenschopf;
in einem Silbernapf erwartet mich des Balsams Kühle,
den geb' ich langsam löffelweis' auf meinen kahlen Kopf.

Als würd' man mich, wie Buddha es gebot, mit Wasser weihen!
Die Wohltat dieser Reinigung genieß ich unbeschwert,
den Priester jetzt begreifend, der sich seiner Ruh' will freuen
und sich von allem löst, indem er seinen Scheitel schert.

Spätes Aufstehen und Spielen mit dem zweijährigen Acui

Mocht' mich den ganzen Tag nicht aus dem wohl'gen Bett
bemühen,
nun ist es Abend, und ich stehe endlich gähnend auf.
Den Ofen, der noch warm ist, lass ich wieder schnell erglühen,
am kühlen Spiegel kämm ich langsam mir das Haar darauf.

Mit Schnee, den ich geschmolzen, duft'gen Tee zum Brüh'n
ich bringe,
mit Hilfe milder Molke koche ich mir einen Brei.
Kein Mensch, ha, amüsiert sich drüber, wie ich schmatz
und schlinge,
und keiner auch kann wissen, wie mich Kraft durchströmt dabei.

Mein Wein ist wirklich schwach und harmlos ganz und gar
zu nennen,
mein Lautenspiel klingt völlig sanft und weckt kein
schlummernd Weh –
den Freuden, die wir dreifach aus des Mengzi Buche kennen,
füg ich als vierte noch hinzu: zu spielen mit Acui.

Gebirgsaufenthalt mit einer kleinen Tänzerin
Geschrieben, als der Dichter 65 Jahre alt war

Zwei Knoten trägt sie noch in ihren Haaren,
sind noch zu einem einz'gen nicht vereint.
Von dreimal zehn vollbrachten Lebensjahren
erreicht sie nicht die Hälfte, wie mir scheint.

Für Atlas ist geschaffen sie und Seide
und nun für Berg und Strom Gefährtin mir.
An Frühlingsquellen tolln wir voller Freude,
verrenken uns im schönen Astrevier.

Sie glüht, beschleunigt sie des Tanzes Kreise,
klingt aus ihr Lied, verdüstert sie's Gesicht.
O sing doch nicht des „Weidenzweiges Weise" -
hier ist doch niemand, dem das Herz es bricht!

Der Verlust einer jungen Sklavin

Besonders hoch die Mauern um den Hof nicht ragen -
am Straßentor erst merkte man, dass sie entwich.
„Warn wir auch immer gut?" hört' ich mich schamhaft fragen –
dass ihr der Arbeitslohn entgeht, bekümmert mich.

Gefang'ner Vogel wird sich auch gehegt nicht binden,
die Blüte kehrt nicht um, gefallen und verweht.
Wird irgendwo zur Nacht ein Ruhebett sie finden?
Das weiß wohl nur der Mond, der so beharrlich späht.

Rückblick

In einer müß'gen Stunde dachte ich der früh'ren Tage,
und fühlt' sie wieder nah bei mir, die einstigen Geselln.
„Wo mögen sie nur weilen?", meine grüblerische Frage –
wie welke Blätter wehten sie schon zu den Gelben Quelln.

Han Yu, ja der ist überzeugt von Schwefelpilln gewesen,
doch schon die erste Krankheit hat den Guten umgebracht.
Yuan Zhen gefiel's, sich „Herbstkristall" in Pulver aufzulösen,
und hat, bevor er richtig alt geworden, schlappgemacht.

Und Meister Tu hat für Zinnober ein Rezept besessen,
bemühte sich, dass er den Fleischgenuss auf Dauer meid'.
Der Drogen Wirksamkeit vertraute Herzog Cui indessen,
erging im tiefsten Winter sich sogar im Sommerkleid.

Doch sei's durch Krankheit, durch des Todes unverhofftes Walten,
es hat sie in der Lebensmitte schon dahingerafft –
nur ich, der niemals ich so etwas wie Diät gehalten,
hab ausgerechnet bis ins hohe Alter es geschafft.

Und das, wo doch gerade ich in meinen Jugendtagen
mir keinen Wunsch versagen konnte, nicht die kleinste Lust!
Die schärfsten Sachen hab dem Gaumen ich gegönnt, dem Magen -
und hab von Quecksilber, von Blei die Bohne nicht gewusst!

Bei Hunger hab' ich Essen, dampfend noch, hinabgeschlungen,
bei Durst trank ich am Strom, der noch vom Eise unterkühlt,
mit Versen hab' ich der Organe Geister sattgesungen,
mit Wein mir alle lebenswicht'gen Teile durchgespült.

Indem Beschwerden ich am selben Tage noch behoben,
gelang es mir, bis heut' fast jeder Krankheit zu entgehn;
die Zähne sind noch ohne Lücken, unten die und oben,
und Leib und Glieder mir noch immer treu zu Diensten stehn.

Obwohl jetzt auch für mich die siebziger schon angefangen,
ess ich noch immer gut und schlafe nächtens fest und still.
Solang' es geht, werd ich nach meinem Becher Wein noch langen -
das andre mag der Himmel denn so richten, wie er will.

69

Scherzrede an die Neffen und Nichten

Wer Lesen nicht gelernt, wird übern Tisch gezogen –
ich kannt' mich gottlob aus mit Pinsel und mit Schrift.
Wer nie ein Amt versah, wird ebenso betrogen –
ich habe viel erreicht, was diesen Punkt betrifft.

Wer alt ist, muss sich oft unter Gebrechen biegen –
ich meinesteils hatt' bisher keine Last damit.
Desgleichen muss er Fesseln vielerlei sich fügen –
ich bin indessen mit Familienpflichten quitt.

Die Seelenruh' kann mir kein Auf und Ab mehr trüben,
kein Amtsgeschäft an meinen Körperkräften zehrt –
so durften sich zehn Jahre Geist und Leib schon üben
im Frieden, den allein der Eremit erfährt.

Wenn nun die letzten Jährchen sacht vorübergleiten,
wird es nur wenig sein, was ich noch nötig hab:
nur eine Decke, winters wärmend sie zu breiten,
nur eine Mahlzeit, an der täglich ich mich lab.

Dass es so klein, mein Haus, kann mich nicht weiter stören,
man schläft ja doch in einem einz'gen Zimmer bloß.
Und auch nicht, dass nur wenig Pferde mir gehören –
wer reitet schon zur gleichen Zeit auf zweien los?

Kaum sieben Leute dürfte unter zehn es geben,
denen's so wohl wie meiner Wenigkeit ergeht,
und unter hundert werdet keinen ihr erleben,
den ihr zufriedener als euren Onkel seht.

In fremder Sache selbst die Tor'n zu raten wissen,
in eigener verzweifeln oft die Weisen gar.
So offne Worte muss ich gegen andre missen –
drum sag ich sie der lieben Bruderkinderschar.

101

70

Das Greisenalter
An Liu Yuxi[1]

Da uns in gleichem Maß die Jahre nun verflossen,
sei beiden uns die Frage: „Was ist alt?" erlaubt:
Das trübe Aug' ist schon vor Abend halb geschlossen,
bis in den Mittag strählt kein Kamm das wirre Haupt.

Beim Rundgang, selten nun, muss man am Stocke gehen,
und still im Stuhle bringt zu Haus den Tag man zu.
Kaum wagt man, in des Spiegels weiten Glanz zu sehen,
und Bücher sind, wenn klein gedruckt, fortan tabu.

Je mehr mir an den alten Freunden scheint zu liegen,
ach, desto wen'ger steht nach Jüng'ren mir der Sinn.
Nur eines hat sich nicht geändert: Das Vergnügen
am munt'ren Plausch, wenn ich mit dir zusammen bin.

[1]Lebte 772 – 842. Wie Bo kritischer Literat und in verschiedenen Ämtern.

Der Bücherkasten für die eigenen Werke

Will aus Zypresse mir 'nen Bücherkasten bauen,
  aus festem Holze soll er, gut gefügt, bestehn –
und wessen Werke wird man einmal darin schauen?
  Nun, mit der Aufschrift „Bo Luotian" sei er versehn!

Mein ganzes Leben pflegt' ich Bücher zu verfassen,
  von Jugend auf bis jetzt, da ich ein alter Mann:
Inzwischen sind es siebzig, keines ausgelassen,
  und so dreitausend Themen sprechen sie wohl an.

Ich weiß, sie werden eines Tages sich verlieren -
  und doch: Ob man sie fortwirft, ist mir nicht egal.
Ich prüfe noch, ob die Verschlüsse funktionieren,
  dann setz' das Ganze ich behutsam ins Regal.

Mir droht des Deng Baidao kinderloses Sterben,
  auch ist kein Wang Can, alles hütend, heut' zu sehn.
Nur meinen Töchtern kann die Werke ich vererben,
  dass sie dereinst auf meine Enkel übergehn.

Wohlbehagen

Das Kleid gefüttert, leichte Filzschuh' an den Sohlen,
dazu 'ne warme Mütze, die die Stirn einnimmt,
so sitz im Türmchen ich, beim Fenster halb verstohlen,
indes die Glut der Kiefernkohle leis' verglimmt.

Für Körper steht und Herz mir alles nun zum Besten;
nichts zwingt mich mehr in aller Frühe aus dem Bett.
Ob ein Beamter in der Hauptstadt da im Westen
für solche Freuden überhaupt Verständnis hätt'?

Des städt'schen Gastes unbedarfte Wortergüsse,
in stetem Schwalle strömen endlos sie dahin.
Der ländlich ihn empfing, auf andere Genüsse
war der bedacht in seinem träumerischen Sinn.

„Ich bitte Euch, mein Herr, wollt' mir nicht mehr erzählen,
was Ihr in Changan, in der Hauptstadt, so gehört.
Es lag die Laute schon, ich will es nicht verhehlen,
gestimmt auf meinen Knien, als Ihr mich just beehrt!"

Mit sechsundsechzig Jahren

An siebzig Jahren grade viere mir noch fehlen,
von „Leben" weiterhin zu sprechen, macht das Sinn?
Ach, stirbt wer, kann ich Traurigkeit zwar nicht verhehlen –
doch freut's mich, dass ich selber noch auf Erden bin!

Das schwarze Haar, wie kann man's dauernd sich bewahren?
Was ist zu tun, damit das Augenlicht nicht flieht?
Nur Seelentafeln bleiben von den Freundesscharen,
da das Gesinde noch Urenkel wachsen sieht!

Es ist, als würde Blei das magre Kreuz beschweren;
die eingefallnen Schläfen immer mehr ergraun.
Und was, wenn die Gebrechen sich allmählich mehren?
Dem Tor der Leere heißt es sich nun anvertraun.

An Liu Yuxi

An Alter und an Kräften sind wir gleich zu nennen,
genießen, noch nicht völlig blind und taub zu sein.
Im Frühling wir uns beide was zu trinken gönnen,
und fröhlich teil'n wir auch der Jugend Gasterein.

Dass wir gekommen, um ein Pferd von ihm zu holen
zum Blumenpflücken - das missfiel dem Gouverneur.
Dass wir sein Boot für eine Kahnpartie gestohlen,
verärgerte indes von Qin den Herzog sehr.

Man sagt, dass von Luoyang die Leute sich das Maul zerreißen
und „Liu und Bo" uns nur, „die zwei verrückten Alten" heißen.

Ein Traum von Yuan Zhen

Im Traume kamst du nachts, um meine Hand zu greifen,
und wir ergingen uns derart ein Weilchen dann -
als ich erwacht indes, war niemand, abzustreifen
die Träne, die mir langsam von der Wange rann.

Am Chang-Pass ward dein Leib, gezeichnet von den Jahren,
durch dreimalige Krankheit schwächer immerfort.
Achtmal inzwischen, wie in Xianyang zu gewahren,
ist nun das Herbstgras schon auf deinem Grab verdorrt.

Da bei den Gelben Quellen liegst du, erdumfangen,
ich weile, schlohweiß, noch im Leben vorderhand.
Aweï, Hanlang, sie sind dir beide nachgegangen –
hast untern Schatten, nächtlich, du sie schon erkannt?

Mein Diener weckt mich

Mein Diener kommt – „'s ist hell!" -, das Wecken zu besorgen,
„erhebt Euch, Kamm und Schüssel halt ich schon bereit.
Es wird bald Winter, ziemlich kühl ist dieser Morgen,
am besten geht Ihr gar nicht vor die Türe heut".

Wenn ich zu Hause bleib, besucht mich wer auch immer?
Ach, wie mich in der langen Mußezeit zerstreun?
Ich rück den Sessel in der Sonne matten Schimmer
und blättre in Gedichten bei gewärmtem Wein.

Lange Krankheit

Wenn ich die Dauer meiner Krankheit, ach, bedenke –
seit hundert Tagen lastet sie nun auf mir schwer.
Die Dienerinnen machen nur noch Kräutertränke,
und kommt der Arzt, dann bellt der Hund schon gar nicht mehr.

Dicht liegt der Schimmel auf den Krügen rings im Keller;
der Musikanten Matten sind zerfalln zu Staub.
Wie soll den Himmel ich ertragen, neuer, heller,
wie aus den Kissen dieses frische Frühlingslaub?

Der Traum von der Bergbesteigung
Geschrieben im 70. Lebensjahr

Zur Nacht im Traum hat's kühn mich ins Gebirg getragen,
allein zog ich umher an meinem Bambusstab.
Die hundert Täler, tausend Klippen, wie sie ragen,
sie alle, alle seltsam ich durchwandert hab.

Die Füße wurden mir dabei nicht lahm vom Schreiten,
wie in der Jugend ging ich leicht beschwingt dahin.
Der Geist, kann er zurückkehrn zu den früh'ren Zeiten –
warum nicht auch der Leib zu seinem Anbeginn?

Soll auf der andern Seite man's für möglich halten:
Der Leib verfällt, die Seele um so mehr gedeiht?
Ach, beide sind sie nichts als unsres Wahns Gestalten –
ob Träumen oder Wachen, keins ist Wirklichkeit.

Des Tages strauchelnd, mag er grad zum Gehen reichen,
des Nachts erklimmt die Berge mühelos der Schritt:
Doch da sich Tag und Nacht ja von der Länge gleichen,
ist auch das eine mit dem anderen wohl quitt.

Als ein Lied von Yuan Zhen erklungen

Etwa 840 geschrieben, lange nach dem Tod von Zhen

Nie wieder wird ihm ein Gedicht aus Pinselstrichen,
sein Ruf und Ruhm, sie sind schon lange Zeit dahin.
Was er geschrieben, ist verfallen und verblichen,
in Kisten irgendwo und völlig aus dem Sinn.

Da hörte wen ich trällern just in diesen Tagen
ein Liedchen, das erschien so seltsam mir bekannt.
Und eh ich noch begriff, was seine Worte sagen,
hat diese Wunde, ach, aufs Neue schon gebrannt!

Die alte Laute

Wo Zimmetholz und Saiten sich in eins gefunden,
in dieser Laute liegen alte Melodien -
die matt und kraftlos heutzutage nur empfunden,
da sie dem herrschenden Geschmacke sich entziehn.

Der Glanz ist fort, die jad'nen Wirbel zu beleben,
und dichter Staub sich mit den rosa Strängen paart.
Doch sei sie längst auch dem Verfall anheim gegeben,
den alten Ton, den hat sie treulich sich bewahrt!

Wenn du mich bittest, werd ich sie wohl spielen müssen,
doch lauschen wird mir sonst wohl niemand mit Geduld.
Warum will keiner was von dieser Laute wissen?
Von Qiang die Zither, Qin die Flöte sind dran schuld!

Die fünfsaitige Laute

Der Sängerinnen schrilles Lied verstummt beizeiten,
    jäh stehn der Tänzerinnen rote Ärmel still -
der alte Zhao ergreift die Laute mit fünf Saiten,
    und vor die Brust sie haltend spielt er, wie er will.

Die kräft'gen Töne, schwellend lässt er sie erschallen,
    hui, hui, als wär's der Wind, wie er den Regen treibt,
die leisen lässt indes verhauchen er, verhallen,
    als wär's –sch, sch – der Mund von Seelen, die entleibt.

Jetzt hört man's wie der Elster Jubellied erklingen,
    jetzt wieder wie des Gibbons geisterhaften Schrei –
zu keinem Gleichschritt lassen sich die Finger zwingen,
    rauf geht's und runter auf der Töne Leiter frei!

Ach, wer dabeisitzt, diesem Weisen zuzuhören,
    hat über Leib und Seele bald nicht mehr Gewalt,
und wer da unversehens kommt, den Weg zu queren,
    der macht unweigerlich wie angewurzelt Halt.

Wie schade, ach, dass des gemeinen Mannes Ohren
    dem Neuen hörig für das Alte oft so taub!
Im grünen Fenster liegt die Laute nun, verloren,
    und jeder Tag deckt sie ein bisschen mehr mit Staub.

Der Traum vom Besuch bei Yuan Zhen in Begleitung des Li und des Yu
In der Verbannung geschrieben

Des Nachts hab ich mich wieder in Changan befunden
und sah von Freunden die Gesichter, altbekannt,
die unter diesem Lenz-Azur der Traumesstunden
in laue Luft hinausgeführt mich bei der Hand.

An einen Ort wir kamen namens „Stiller Frieden"
und zügelten am Tor des Yuan Zhen das Pferd.
Denselben fanden wir dort, einsam, abgeschieden -
o wie sein Antlitz, uns erblickend, sich verklärt!

Er zeigte uns im Hof der Beete Wohlgedeihen,
bot Wein uns an im Pavillon, der nördlich steht;
schien zu bedeuten, dass wir noch die Alten seien,
bedauernd, dass, was uns erfreut, so schnell vergeht.

Auch, dass nach raschem Gruße wieder weitereilen,
ach, unsre Seelen, die so flüchtig nur sich nah.
Noch beim Erwachen glaubt ich neben mir ihn weilen:
Die Hände streckt' ich aus – doch es war niemand da.

Die Chrysanthemen im Ostgarten

So lang ist's her, dass ich der Jugend mich erfreute,
und auch die Mannesjahre schwinden schon dahin!
Wie ich durch diesen kalten, öden Garten schreite –
o welche Schwermut brütet nicht in meinem Sinn!

Doch weile ich in seiner Mitte unverdrossen,
da matter schon die Sonne, kühler Wind und Tau.
Verwildert steht das Herbstgemüse, hochgeschossen,
vertrocknet und entlaubt der Bäume schöner Bau.

Geblieben ist nur eine Handvoll Chrysanthemen,
die es beim Flechtzaun da zur Blüte hat gebracht.
Grad wollte ich vom Wein mir einen Becher nehmen,
als ich sie sah – und innehielt ob ihrer Pracht.

Ich weiß noch, wie geschwind in meinen Jugendtagen
ins Fröhliche die düstre Stimmung oft gekippt –
so, wenn mir irgendwann ein Schlückchen angetragen:
Wie jubelte mein Herz, bevor ich nur genippt!

Doch nun, da ja das Alter mir schon angefangen,
die frohen Augenblicke immer seltner sind.
Und dieses lässt mich für die Greisenjahre bangen,
dass selbst im stärksten Trank ich keinen Trost mehr find.

Warum habt ihr, o späte Chrysanthemenblüten,
nur ihr geöffnet euch in dieser tristen Zeit?
„Um meinetwilln" zu denken, ach, werd ich mich hüten –
doch euretwegen fühl ich wieder Heiterkeit!

Krankheit

Ach, Freunde, euer Mitleid könnt ihr euch ersparen,
es gibt nun wirklich nicht den kleinsten Grund dafür.
Ich werd's schon schaffen, ab und zu in diesen Jahren
auch einmal anderswo zu leben als nur hier.

Was zählt, das ist ein Geist, der aufgeweckt und helle,
in puncto Füße hat's hingegen keine Not:
Zu Lande kommt man in der Sänfte von der Stelle,
und auf dem Wasser geht es mühelos im Boot.

Taoismus und Buddhismus
Kurz vor seinem Tod gedichtet

Ein Wanderer, von weither übers Meer gefahren,
der sprach von einer seltsamen Begebenheit:
„In einer Schlucht des Seegebirgs konnt ich gewahren
Terrassen sowie Türme überall verstreut.

Dazwischen sah ich einen Feentempel ragen,
an dem sich eine Nische, die noch leer, befand;
sie warte drauf, so hat man es mir zugetragen,
dass sie dem Luotian[1] einst gewähre hier den Stand".

Ach, guter Wanderer, ich will's dir nicht verhehlen,
ich folg der Leeren Pforte[2], nicht der Feenspur[3].
Was dir gefiel, mir da soeben zu erzählen,
das gilt mir, ohne Sinn und Zweck, als Märchen nur.

Die Berge, die da in die Tiefen eingelassen,
sie werden nie dem Luotian letzte Heimat sein:
Werd ich die Erde irgendwann einmal verlassen,
dann gehe in den Himmel ich der Sel'gen ein.

1   Bo Juyi
2   Sinnbild des Buddhismus
3   Sinnbild des Taoismus

Laozi

„Die da nur reden, haben, ach, von nichts 'nen Schimmer,
und die was wissen, nun, die reden nicht davon" –
dies schöne Wort gehör' zu denen, heißt es immer,
die einst entsprungen Meister Laozis Weisheitsbronn.

Solln wir aus diesem Spruch den Schluss indessen ziehen,
dass dieser Weise selbst von Wissen war beseelt:
Wieso ist unter seinen Händen dann gediehen
ein Werk, das an die fünf mal tausend Worte zählt?

Zhuangzi

Für Zhuangzi gilt: Er will die Welt auf einen Nenner bringen,
  so dass in allem er nur diese große Einheit sieht.
Ich meine: Trotz der vielen Ähnlichkeiten untern Dingen,
ist da doch unverkennbar auch so mancher Unterschied.

Sie mögen beide sich von ihren Trieben leiten lassen,
  in ihren Neigungen gar stimmen überein -
und dennoch kann mit meinem ganzen Fühlen ich erfassen:
Es muss der Phönix doch der Schlange überlegen sein!

Letztes Gedicht

Man ließ mein Bett zum unverzierten Wandschirm rücken;
am blauen Vorhang wird das Feuer nun geschürt.
Ich lausch den Kleinen, die mit Lesen mich beglücken,
und seh dem Diener zu, der mir mein Süppchen rührt.

Schreib rasch die Antwort auf der Freunde Verse nieder
und such in meinen Taschen Geld für die Arznei'n.
Dann leg ich mich bequem zurück ins Kissen wieder -
und schlafe so, mit dem Gesicht nach Süden, ein.

Verzeichnis der Gedichte

123